La filosofía de Bitcoin

La filosofía de Bitcoin

La caída del Estado

ÁLVARO D. MARÍA

EDICIONES DEUSTO

Deusto es un sello editorial de Centro de Libros PAPF, SLU.
Av. Diagonal, 662-664
08034 Barcelona
www.planetadelibros.com

Primera edición: enero de 2024
Depósito legal: B. 20.291-2023
ISBN: 978-84-234-3670-5
Preimpresión: Realización Planeta
Impreso por Huertas Industrias Gráficas, S. A.

Impreso en España - *Printed in Spain*

A mi abuela,
por ser un ejemplo de generosidad

[...]
Que pues doblón o sencillo
hace todo cuanto quiero,
poderoso caballero
es don Dinero.
[...]
Y pues quien le trae al lado
es hermoso, aunque sea fiero,
poderoso caballero
es don Dinero.
Es Galán y es como un oro,
tiene quebrado el color;
persona de gran valor
tan cristiano como moro;
pues que da y quita el decoro
y quebranta cualquier fuero,
poderoso caballero
es don Dinero.

Son sus padres principales,
y es de nobles descendiente,
pues que en las venas de Oriente
todas las sangres son reales.
Y pues es quien hace iguales
al duque y al ganadero,
poderoso caballero
es don Dinero.
¿Más a quién no maravilla
ver en su gloria, sin tasa,
que es lo menos de su casa
doña Blanca de Castilla?
Pero pues da al bajo silla
y al cobarde hace guerrero,
poderoso caballero
es don Dinero.
Sus escudos de armas nobles
son siempre tan principales,
que sin sus escudos reales
no hay escudos de armas dobles;
y pues a los mismos robles
da codicia su minero,
poderoso caballero
es don Dinero.
Por importar en los tratos
y dar tan buenos consejos
en las casas de los viejos
gatos lo guardan de gatos;
y, pues él rompe recatos
y ablanda al juez más severo,

poderoso caballero
es don Dinero.
Y es tanta su majestad,
aunque son sus duelos hartos,
que con haberle hecho cuartos
no pierde su autoridad.
Porque pues da calidad
al noble y al pordiosero,
poderoso caballero
es don Dinero.
Nunca vi damas ingratas
a su gusto y afición,
que a las caras de un doblón
hacen sus caras baratas;
y, pues les hace bravatas
desde una bolsa de cuero,
poderoso caballero
es don Dinero.
Más valen en cualquier tierra
(mirad si es harto sagaz)
sus escudos en la paz
que rodelas en la guerra.
Y pues al pobre le entierra
y hace proprio al forastero,
poderoso caballero
es don Dinero.

Quevedo, *on* #Bitcoin

Sumario

PARTE 3
Los Estados y los bancos centrales frente a Bitcoin

Prólogo

Un intento por deshacer el *cash-nexus*

Entender Bitcoin exige aproximar dos grandes cuestiones: entender las posibilidades (y limitaciones) de la *tecnología blockchain* (que cobra verdadero sentido con la aparición de Bitcoin) y saber de *teoría monetaria*. Sus consecuencias van mucho más allá, como explica con claridad el conciso, profundo e interesante libro de Álvaro D. María que tengo el orgullo de prologar.

La irrupción de Bitcoin se produce en un contexto muy específico: un fin de ciclo monetario caracterizado por una «alquimia monetaria» consistente en querer solucionar cualquier problema de tipo económico-social a través de la *impresión de papel*. Se trata de un experimento antiguo y cuyas consecuencias son siempre las mismas: estancamiento económico, social y político. En las últimas décadas hemos visto que este proceso de devaluación monetaria se aceleraba por su propia naturaleza y debido a un largo proceso de deterioro del sistema monetario, caracterizado por una creciente politización de la oferta monetaria, hasta el punto de desvincularse por completo de cualquier punto de anclaje y sin que exista ningún límite a su creación. Hoy en día, esta oferta depende de la acción de los bancos centrales, cada vez menos independientes de los Estados. El resultado de todo lo anterior es una economía obligada a funcionar con una política monetaria estructuralmente laxa, necesaria para asistir una deuda pública de otro modo impagable, en una dinámica que ha institucionalizado la inflación; esto es, una devaluación imparable del poder adquisitivo del dinero que utilizamos a diario, incumpliendo una de sus funciones teóricas: la de ser precisamente un depósito de valor. Hemos olvidado la máxima de que los bancos centrales imprimen *papel*, no *riqueza*.

Se trata de una dinámica adictiva que dificulta el desarrollo de un crecimiento económico sano. Esto ha supuesto un paulatino empobrecimiento de las clases medias, un fenómeno complejo al que se suman otros factores, y un debilitamiento del orden político liberal, y del que deriva también una crisis del propio Estado, un tema que el autor desmenuza con brillantez.

Bitcoin ha vuelto a poner encima de la mesa la cuestión clave de la nacionalización y politización del dinero, así como los límites de la actual política monetaria. Hace más de cuatrocientos años que el padre Juan de Mariana denunció las políticas de envilecimiento de la moneda, algo que consideraba inmoral, señalando que el incremento arbitrario de la masa monetaria por parte del rey (o los bancos centrales) conducía a un empobrecimiento de la población que sufría ineluctablemente una pérdida de poder adquisitivo de ese dinero reflejado en precios más altos. La *máxima friedmanita* según la cual, además de ser un cruel impuesto a los más desfavorecidos, la inflación es siempre y en todo lugar un fenómeno monetario. Una vez politizada la oferta monetaria (controlada por políticos y burócratas sin que exista ningún límite efectivo), es sólo cuestión de tiempo que se caiga en la *tentación faustiana* de querer solucionar [sic] problemas de manera en apariencia indolora creando dinero de la nada. Bitcoin pone en jaque este esquema. Es un competidor para el sistema actual: cuando una banquera central como Lagarde, ataca Bitcoin (que hoy es todavía un activo altamente especulativo), es como escuchar al CEO de Pepsi glosar las virtudes de la Coca-Cola.

El libro de D. María va más allá de explicar el fenómeno de Bitcoin, adoptando un enfoque más amplio en el que se habla sobre la institución del dinero y sus consecuencias en el ámbito de la economía y organización política. El *dinero* surge de forma espontánea para facilitar el intercambio, igual que el *lenguaje* o el *derecho*. Se trata de instituciones que evolucionan con el *tiempo*, un escultor perfeccionista que se vale del cincel de los complejísimos *procesos de mercado* (iteración constante de prueba y error), y que en el caso del dinero acaba en el oro como forma de dinero más genuina. El dinero quiere dar respuesta a tres necesidades: 1) unidad de cuenta (es lo que permite, por ejemplo, cuantificar *deudas*); 2) medio de intercambio comúnmente aceptado (lo que permite superar las dificultades del trueque); y 3) servir de depósito de valor. Esta última función es hoy la más olvidada, también la más fascinante.

Con la revolución agrícola, el hombre genera por primera vez abundancia; es decir, más recursos de los que necesita para satisfacer sus necesidades inmediatas (en aquella época, comida y vestido). A partir de entonces, este excedente puede dedicarse al desarrollo de bienes intermedios (o bienes de capital), que con el tiempo permitirán incrementar la capacidad de producir todavía más excedente y satisfacer cada vez más necesidades. Un círculo virtuoso de acumulación de capital motor de la civilización que llega hasta nuestros días. Con la aparición del excedente surge la necesidad de proteger su poder adquisitivo en el tiempo. El oro o la plata cumplen con esta función de proteger el valor por sus propiedades singulares, entre otras (el libro lo explica muy bien), de ser bienes con una oferta relativamente escasa (entre otras características; que Bitcoin busca replicar en el mundo digital). Ésta ha sido la histórica manera de funcionar de las civilizaciones humanas, en las que los momentos de estabilidad en la oferta monetaria han coincidido, no por casualidad, con momentos de paz y expansión del comercio. Las revoluciones y las guerras son siempre el capítulo final de un proceso de deterioro económico, monetario e institucional. No hay declive económico que no empiece con un desequilibrio en las finanzas públicas y con un gobierno incapaz de reformarse a sí mismo para hacer frente a estos déficits.

El siglo XX se caracteriza por la nacionalización del dinero por parte de los Estados nación, como principal unidad política; un proceso en el que el dinero ha visto mutada su naturaleza hasta llegar al esquema actual de dinero fiat, en el que el *cash-nexus* entre bancos centrales y Estados puede crear billetes sin límites. Que se lo expliquen a argentinos, venezolanos, zimbabuenses, y un largo etcétera. Los billetes o asientos digitales en nuestra cuenta corriente son una mercancía *desmonetizada*. Esta *desmonetización* del dinero fiat genera un espacio para que otros bienes aspiren a *monetizarse*.

Como señala el autor, la palabra *dinero* es un adjetivo, no un nombre: cualquier bien (con determinadas propiedades), en un entorno determinado, puede convertirse en dinero; se trata de una categoría relativa y que acepta diversos grados. Pensemos en los paquetes de cigarrillos en la cárcel. Algo similar sucede con Bitcoin y el actual esquema de represión financiera (en el que la inflación es de media superior al tipo de interés), favoreciendo una pérdida del poder adquisitivo del efectivo. Si este entorno es suficientemente represivo, es inevitable que se generen los incentivos para que la gente innove y se invente «botes salvavidas» para proteger sus ahorros de la inundación de dinero fiat por parte de este *cash-nexus* entre Estados y bancos centrales.

Bitcoin es un intento (veremos hasta dónde llega su adopción, hoy puramente especulativa) de revertir este proceso de nacionalización y desmonetización del dinero, queriendo alumbrar una nueva forma de *dinero bueno*, creado de manera espontánea. Se trata de una forma de dinero que no quiere ser tanto un medio de pago efectivo al uso, como pasa con el oro, nadie paga un café con pepitas o un coche con un lingote; sino más bien de ser un «punto de anclaje» sobre el que restablecer un sistema monetario caracterizado por una oferta de dinero despolitizada, estable, predecible y neutral para con el ciclo económico. Ya es hora de que la economía crezca de forma racional y sana, movida por el impulso de la productividad, y sin tener que estar permanentemente dopada con azúcar.

El gran riesgo, y tiene muchos, de Bitcoin como apuesta altamente especulativa es básicamente que los gobiernos opten por hacer reformas estructurales y reducir su gasto, «desenganchándose» de su actual adicción a tipos bajos, al tiempo que los bancos centrales normalizan su política monetaria. Está por verse qué forma de dinero será la que ofrezca mejores ventajas a sus usuarios, y mayores garantías a la hora de asegurar la propiedad y el valor del ahorro. Dos de los elementos sobre los que el actual sistema arroja más dudas.

La gran virtud del texto de Álvaro es reflexionar sobre cómo la aparición de Bitcoin puede suponer una disrupción de este *cash-nexus* entre bancos centrales y Estado, y abordar esta reflexión de una manera tremendamente sintética —el libro puede leerse de una sentada— y multidisciplinar. El autor analiza el origen de las disfuncionalidades del sistema actual, cuestiona creencias y reflexiona sobre las muchas consecuencias de segundo orden derivadas de un orden monetario en el que la oferta de dinero no está respaldada por un poder estatal. El texto es una invitación a cuestionar creencias y reflexionar sobre importantes aspectos económicas y políticas. Un sólido ensayo de pensamiento en el que la palabra *filosofía* aparece en el título no por casualidad.

Luis Torras
Barcelona, septiembre de 2023

Prefacio

> Nada más práctico que una buena teoría.
>
> KURT LEWIN, *on* #Bitcoin

Este libro tiene un objetivo doble: provocar una crisis sobre dos creencias muy extendidas. La primera, que una moneda que sea dinero debe tener el respaldo de una autoridad. La segunda, que «Estado» es un concepto que puede aplicarse a cualquier sociedad política y no cabe pensar en formas políticas postestatales.

Siempre me ha parecido que en el pensamiento sobre la economía hacen falta más filósofos. Ciertamente, parece difícil comprender la necesidad de esta afirmación; al fin y al cabo, el filósofo que más ha tratado temas económicos fue Marx, un hombre que dejó una serie de aportaciones brillantes, entre ellas la de recordarnos que siempre la economía es economía política, y una influencia tan terrible en el mundo que después del siglo xx cualquiera se atreve a decir que los filósofos tienen que dedicarse a hacer una *filosofía de la economía.* Sin embargo, como disciplina, la economía carece de reflexiones sobre los análisis que realiza en su campo. Normalmente, estas reflexiones sobre los análisis son realizadas por los propios economistas, que rara vez tienen formación en campos como la política y la filosofía, en ocasiones tienen alguna formación jurídica, pero por lo general tratan de aplicar las conclusiones de sus análisis a las sociedades políticas pensando que la economía es una ciencia, y es difícil que algo que depende de la política —como bien nos recordaba Marx— pueda alcanzar tal estatuto de ciencia, por lo que cuando hablan de la economía como de una ciencia, hacen filosofía sin saberlo, un sucedáneo en el que dan su visión del mundo sobre la base de las conclusiones de los análisis de su campo.

He dedicado la mayor parte de mi estudio a la teoría del Estado y a la filosofía del derecho, de forma secundaria he tratado de estudiar temas económicos, en especial los monetarios. Curiosamente, la conclusión de mis análisis fue que nos encontrábamos ante la crisis del Estado, una crisis inevitable puesto que las dinámicas que los rigen, siguiendo sus principios, hacen imposible tanto la reforma del Estado hacia otras formas políticas como la oposición a él, dado que no deja espacio para hacer casi nada en su contra. Además, no tiene reparos en atacar con todo a cualquiera que se atreva a desafiarlo, por lo que cualquier ataque parecía condenado a fracasar, a pesar de que claramente nos encontrábamos ante una forma política agotada. Mi conclusión entonces fue que la única forma de acción política contra el Estado era la *criptocrática*, en la que el Estado no puede hacer nada por desconocer quién organiza los ataques en su contra. No obstante, no se me ocurría ninguna forma de desarrollar esto, ni siquiera veía el espacio posible para hacerlo. Pues bien, el ciberespacio es ese espacio, y Bitcoin, su mejor arma:

> **Declaración de Independencia del Ciberespacio**
>
> Gobiernos del Mundo Industrial, vosotros, cansados gigantes de carne y acero, vengo del Ciberespacio, el nuevo hogar de la Mente. En nombre del futuro, os pido en el pasado que nos dejéis en paz. No sois bienvenidos entre nosotros. Tampoco ejercéis ninguna *soberanía*[1] sobre el lugar donde nos reunimos. No hemos elegido ningún gobierno, ni pretendemos tenerlo, así que me dirijo a vosotros sin más autoridad que aquella con la que la libertad siempre habla.
>
> Declaro el espacio social global que estamos construyendo independiente por naturaleza de las tiranías que estáis buscando imponernos. No tenéis ningún derecho moral a gobernarnos *ni poseéis métodos para hacernos cumplir vuestra ley* que debamos temer verdaderamente.
>
> Los gobiernos derivan sus justos poderes del consentimiento de los que son gobernados. No habéis pedido ni recibido el nuestro. Tampoco os hemos invitado.
>
> No nos conocéis, ni conocéis nuestro mundo. El Cibe-

1. Todas las cursivas a lo largo de este texto son mías.

respacio no se halla dentro de vuestras fronteras. No penséis que podéis construirlo, como si fuera un proyecto público de construcción. No podéis. Es un acto natural que crece de nuestras acciones colectivas.

No os habéis unido a nuestra gran conversación colectiva, ni creasteis la riqueza de nuestros mercados. No conocéis nuestra cultura, nuestra ética, o los códigos no escritos que ya proporcionan a nuestra sociedad más orden que el que podría obtenerse por cualquiera de vuestras imposiciones.

Proclamáis que hay problemas entre nosotros que necesitáis resolver. Usáis esto como una excusa para invadir nuestros límites. Muchos de estos problemas no existen. Donde haya verdaderos conflictos, donde haya errores, los identificaremos y resolveremos por nuestros propios medios. Estamos creando nuestro propio Contrato Social. Esta autoridad se creará según las condiciones de nuestro mundo, no del vuestro. Nuestro mundo es diferente. El Ciberespacio está formado por transacciones, relaciones y pensamiento en sí mismo, que se extiende como una quieta ola en la telaraña de nuestras comunicaciones. Nuestro mundo está a la vez en todas partes y en ninguna parte, pero no está donde viven los cuerpos.

Estamos creando un mundo en el que *todos pueden entrar*, sin privilegios ni prejuicios debidos a la raza, el poder económico, la fuerza militar o el lugar de nacimiento. Estamos creando un mundo donde cualquiera, en cualquier sitio, puede expresar sus creencias, sin importar lo singulares que sean, sin miedo a ser coaccionado al silencio o al conformismo.

Vuestros conceptos legales sobre *propiedad*, expresión, identidad, movimiento y contexto no se aplican a nosotros. Se basan en la materia.

Aquí no hay materia. Nuestras identidades no tienen cuerpo, así que, a diferencia de vosotros, no podemos obtener orden por coacción física.

[...]

Os atemorizan vuestros propios hijos, ya que ellos son nativos en un mundo donde vosotros siempre seréis inmigrantes. *Como les teméis, encomendáis a vuestra burocracia las responsabilidades paternas a las que cobardemente no podéis enfrentaros.* En nuestro mundo, todos los sentimientos y expresiones de humanidad, de las más viles a las más angelicales, son parte de un todo único, la conversación global de bits. No podemos separar el aire que asfixia de aquel sobre el que las alas baten.

Debemos declarar nuestros «yo» virtuales inmunes a vuestra *soberanía*, aunque continuemos consintiendo vuestro poder sobre nuestros cuerpos. Nos extenderemos a través del planeta para que nadie pueda encarcelar nuestros pensamientos.

Crearemos una civilización de la Mente en el Ciberespacio. Que sea más humana y hermosa que el mundo que vuestros gobiernos han creado antes.[2]

Davos, Suiza, a 8 de febrero de 1996, John Perry Barlow

Álvaro D. María
Madrid, 16 de mayo de 2021

2. Perry Barlow, J., *Declaración de Independencia del Ciberespacio*, s. f., <http://es.wikisource.org/wiki/Declaraci%C3%B3n_de_independencia_del_ciberespacio>. Consulta: 10 de mayo de 2021.

Introducción

Crisis significa 'juicio', pero un juicio decisorio (del verbo griego *krino*), revisorio y selectivo, que implica un juzgar de nuevo los criterios usuales, un juicio del juicio. El juicio usual constituye un estado de opinión, las estimaciones establecidas, las ideas en circulación. Los dos productos fundamentales de esa estima usual, en circulación, son: por un lado, la moneda, y, por otro lado, la ley. Que tanto la moneda como la ley han sufrido en nuestros días una inflación, una desvalorización, en fin, un desprestigio, es un hecho que está a la vista. Conviene, sin embargo, no olvidar que la crisis de la moneda y la crisis de la ley no son más que los dos aspectos evidenciales de un mismo fenómeno: *la crisis radical del mundo moderno*. De ahí la gravedad y actualidad del tema.

Álvaro d'Ors,
Los romanistas ante la actual crisis de la ley, *on* #Bitcoin

Lo habitual es estar constituido por aquellas creencias que están en el ambiente en el que nos desarrollamos. Estas creencias forman parte de nosotros de una forma íntima y a la vez comunitaria, están ahí sin que seamos conscientes de ellas. Las asimilamos por ósmosis de nuestra circunstancia histórica, y para nosotros son tan evidentes que no admitiremos un pensamiento distinto ni una ocurrencia opuesta a ellas. Nos constituyen como sujetos porque nos encontramos sostenidos por ellas. Es desde ellas desde que interpretamos la realidad y, como bien señaló Ortega, son de una naturaleza distinta a las ideas.

En ciertas ocasiones, en nuestra vida aparecen determinados obstáculos que no somos capaces de remover con las creencias que nos sostienen, y necesitamos una herramienta nueva para poder afrontar el problema que se nos presenta. Cuando nuestras creencias se revelan insuficientes para dar una respuesta, recuperan su carácter de *ideas históricas*, pero como las creencias son el suelo sobre el que pisamos, nos encontramos como en un abismo, como si un terremoto hubiese abierto una grieta en el terreno bajo nuestros pies, nos encontramos en la duda, que al igual que las creencias, en la duda estamos, no sobre suelo firme, sino sobre el mar tras un naufragio. Esto es una crisis, y es aquí cuando hay que hacer un juicio de los nuevos acontecimientos y decidir por dónde continuar en el curso de la historia.

Pues bien, dos creencias están entrando en crisis, y nos toca decidir por dónde continuar. Estas creencias son que una moneda que sea dinero debe tener el respaldo de una autoridad, y que *Estado* es un concepto que se puede aplicar a cualquier sociedad política y no cabe pensar en formas políticas postestatales. En definitiva, la crisis del Estado y de la moneda actual.

En nuestro tiempo, al menos en el mundo occidental, se miraba con desprecio a las épocas anteriores, con sus guerras, hambrunas, hiperinflaciones y pandemias, como a un tiempo en el que la humanidad aún era menor de edad, poco democrática y científica. Sin embargo, el COVID-19, el rearme generalizado, los desequilibrios demográficos, las expansiones monetarias y las escaladas de pequeños conflictos empiezan a generar cierto nerviosismo.

> Se creía tan poco en recaídas en la barbarie, por ejemplo, guerras entre los pueblos de Europa como en brujas y fantasmas; nuestros padres estaban plenamente imbuidos de la confianza en la fuerza infaliblemente aglutinadora de la tolerancia y la conciliación [...]. Pero los hombres de hoy, que hace tiempo excluimos del vocabulario la palabra *seguridad* como un fantasma, y nos resulta fácil reírnos de la ilusión optimista de aquella generación [...], hemos aprendido a no sorprendernos ante cualquier nuevo brote de bestialidad colectiva, nosotros, que todos los días esperábamos una atrocidad peor que la del día anterior, somos bastante más escépticos respecto a la posibilidad de educar moralmente al hombre. Tuvimos que dar la razón a Freud cuando afirmaba ver en nuestra cultura y civilización tan sólo una capa muy fina que en cualquier momento podía ser perforada por las fuerzas destructoras del infierno. [...]

> Aquel mundo de seguridad fue un castillo de naipes. Sin embargo, mis padres vivieron en él como en una casa de piedra.[3]

3. Zweig, S., *El mundo de ayer. Memorias de un Europeo*, Acantilado, 2002, pp. 5-7.

Parte 1

Los principios filosóficos de Bitcoin

1

Filosofía del dinero

> No hay más remedio que reconocer que las opiniones acerca del dinero son más difíciles de describir que las nubes deformadas por el viento.
>
> SCHUMPETER,
> *Historia del análisis económico*,
> *on* #Bitcoin

No cabe duda de que el dinero es fundamental en nuestro mundo, no digo que sea lo más importante, simplemente que atraviesa nuestras vidas y gran parte de nuestras acciones cotidianas. Controla y mueve voluntades como pocas cosas, pero ¿qué es el dinero? ¿Es lo mismo el dinero que la moneda? ¿Qué diferencias hay?

Al tratar estos temas suele haber cierta confusión en los términos, nos movemos en una precomprensión, en una creencia, de lo que es el dinero y la moneda. Los utilizamos a diario, ¿cómo no vamos a saber qué son? Se da por hecho, rara vez se explica o se desarrolla una teoría al respecto. Además, se utilizan indistintamente. Y es que de alguna manera la moneda y el dinero son como el cuerpo y el alma, materia y forma. Cuando están vinculados se podría denominar circulante, y cuando el dinero abandona su cuerpo, la moneda pasa a ser objeto de estudio de la numismática, y no cosa de economistas.

Se entiende mucho mejor qué es el dinero si en lugar de como un sustantivo lo vemos como un adjetivo de determinadas mercancías. Es cierto que estas mercancías consideradas dinero suelen tener determinadas cualidades distintas a otras: no suelen ser consumibles, son divisibles, escasas, transportables, vendibles con facilidad —con mucha liquidez—, almacenables, fungibles, deben facilitar la cuantificación, difíciles de manipular, fáciles de verificar y que no se deterioren con el paso del tiempo. Todas estas cualidades son las que permiten que estas mercancías sean utilizadas como *medio de intercambio*, que sean consideradas *buen dinero*. En definitiva, el dinero es una mercancía cuyo principal valor es facilitar los intercambios, lo cual es una función esencial dado que reduce los costes de comerciar, por eso es tan fundamental en las sociedades.

En el imaginario social, el dinero tiene cierta peculiaridad que lo hace único, es un producto social vilipendiado, despreciado, en la vida pública; sin embargo, no hay otro producto social que se busque y se desee más. No ha sido poca la tinta que se ha empleado en señalarlo como el culpable de muchos de los males del hombre. A pesar de todo, a él parece que le da completamente igual, sigue su curso sabiéndose vital en la sociedad. Si bien ha sido objeto de todo tipo de críticas, prácticamente nunca se ha cuestionado en serio su existencia. Se ha hablado de la muerte de Dios, de la muerte de la democracia, del fin del arte, de la muerte de la filosofía, de la decadencia de la civilización; pero el dinero sigue ahí, denostado por su poder, su influencia y su capacidad de seducción, pero imprescindible.

Se le atribuye el fomento del individualismo al desatar los lazos sociales, cuando precisamente es el producto más social de todos. Si preguntan a alguien «¿qué te llevarías a una isla desierta si sólo pudieses llevar tres cosas?», nadie elegiría dinero. En la práctica, el dinero actúa como un registro de relaciones de intercambios sociales, de relaciones con otros, y refleja el valor de lo intercambiado en un momento concreto.

Ciertamente, el dinero sí tiene motivos —no digo que justificados, pero sí emocionales— para ser denostado, en especial a medida que cada vez abarca más relaciones sociales. El dinero explicita, saca a la luz, los intereses de las relaciones sociales. Contra lo que suele decirse que al igual que el poder, el dinero no corrompe, delata. Vincula muchas relaciones sociales al cálculo económico, y esto es un problema para la vida comunitaria, en particular para los lazos sociales, dado que están tejidos por lo *sagrado*, por los usos y costumbres, por relaciones de consentimiento tácito; y a menudo todo esto se considera de valor incalculable. Por ello se considera que el dinero *desacraliza,* motivo por el que será objeto de todo tipo de críticas. Veamos brevemente su evolución a través de la moneda.

2

Filosofía de la moneda

> En todos los países del mundo, la avaricia y la injusticia de los príncipes de los Estados soberanos, abusando de la confianza de sus súbditos, han disminuido gradualmente la cantidad verdadera del metal que primitivamente contenían sus monedas.
>
> Adam Smith,
> *La riqueza de las naciones, on* #Bitcoin

Normalmente, al hablar del origen del dinero se hace referencia al trueque,[4] no obstante, no hay evidencia histórica

4. En «Filosofía de la moneda» (*El Basilisco*, n.º 49, 2017, pp. 57-88, y p. 59), Luis Carlos Martín Jiménez lo explica así: «El trueque,

de que esto haya sucedido. Al menos no para algo que se pueda considerar comercio. Antes del desarrollo de la moneda, con frecuencia se utilizaban determinadas mercancías más o menos homogéneas, como las conchas, metales, plata y oro y otras a las que se les atribuía ciertas cualidades mágicas, *sagradas*, dado que la riqueza suele relacionarse con la expresión de *poder* y *autoridad*.

Pues bien, para aparecer como tal en el curso de la historia, la moneda requiere del desarrollo y convergencia de unas determinadas técnicas junto a la validación de una autoridad política. Siguiendo a Parise, su origen no estaría en Lidia, como comúnmente se dice, dado que lo que allí aparece son metales con leyendas, marcas o signos de equivalencia: «La moneda tiene una forma funcional de existencia distinta de la del metal pesado», dado que el paso de un lingote marcado a una moneda como tal, respaldada por una autoridad política, no estaba allí materializada:

---

entendido como mero intercambio, está al nivel del saqueo sistemático, o del robo de bienes o mujeres entre tribus. Es imposible que sean los mercados de trueque el factor "natural" que haya dado lugar a la moneda como "brillante solución que los hombres alcanzan para facilitar sus transacciones". Realmente, el trueque mercantil no ha existido nunca como modo "natural" del comercio. Estos intercambios no son deficitarios o tienen problemas de cuantificación. No hay precedentes antropológicos que afirmen que el trueque económico haya existido en alguna sociedad humana. Si buscamos en la Grecia anterior a la moneda cómo se explica el comercio, nos encontramos el relato en que Heródoto narra el desembarco de bienes en las playas por las que pasan los fenicios, quienes se vuelven al barco a la espera de que las tribus correspondan con otros bienes que serán recogidos si gustan o satisfacen lo que se espera. Es lo que se llamó "comercio silencioso"».

«Con la impronta, la moneda es una medida oficial del valor y un medio de compra garantizado».[5]

Esta convergencia histórica de diversas técnicas que coinciden simultáneamente se plasma con claridad en la Grecia antigua. El desarrollo de la metalurgia y la fundición del hierro permiten acuñar unidades monetarias más homogéneas. La balanza hace posible establecer la proporción tanto entre las diferentes monedas entre sí, y ponerles una ley —validar su pureza—, como los pesos de los productos y su relación con estas monedas (a día de hoy seguimos pesando la gran mayoría de los productos para saber cuánto hay que pagar). La otra innovación desarrollada es el lenguaje alfabético, que permite marcar las monedas de tal modo que sea la autoridad la que valida la ley de éstas, reduciendo los costes del comercio, ya que evita tener que comprobar en cada compra-venta la pureza y veracidad de las monedas entregadas. En el seno de las polis, el desarrollo de la metalurgia, la balanza y el lenguaje alfabético son las tres técnicas que permiten el salto tecnológico y la revolución que suponen las monedas en el curso de la historia económica. Grecia sitúa en el centro el ágora, el mercado, y conocidos por todos son los frutos de aquella civilización.

Es característico de toda técnica su carácter destructivo de aquello a lo que sustituye, y tal destrucción es proporcional al nivel de innovación que presentan dichas técnicas —que se lo pregunten a los luditas—. Lo primero que hicieron estas monedas fue acabar con todas las otras mer-

5. Parise, N., *El origen de la moneda. Signos pre-monetarios y formas arcaicas del intercambio*, Ediciones Bellaterra, 2005, p. 114.

cancías que antes se empleaban en los intercambios, aquellas precisamente que tenían carácter mágico, sagrado. Se ve que el carácter desacralizador —de secularización— del dinero está desde su mismo origen.

Así, el nuevo dinero que aparece en Grecia, la moneda, es un dinero más divisible, más cuantificable, más formal, más abstracto; atributos que permiten medir y ajustar con mayor precisión el valor de las mercancías facilitando e incrementando el comercio. Se impone sobre los demás por esas cualidades, y al ser emitida por el poder no es parcial, no es de un particular frente a otro, la pueden utilizar los ciudadanos por igual, y por ello puede totalizar el territorio que abarca.

Al igual que las lenguas, las monedas han acompañado a las comunidades políticas, y han tenido mayor presencia cuando mayor poder y extensión tenían éstas, en especial en los imperios. Desde el tetradracma de la época de Alejandro al dólar como papel moneda de Estados Unidos, la moneda del imperio dominante ha sido la de mayor influencia. La competencia entre las diferentes potencias políticas y sus monedas es parte esencial de la economía política. Una economía en la que su *politicidad* radica en que la mayoría del intercambio de mercancías se produce a través de los territorios, y éstos están siempre bajo algún tipo de gobierno que interfiere de un modo u otro en el comercio, aunque sea meramente para protegerlo, está atravesada por la decisión política. Históricamente, los gobiernos han impuesto su moneda, de su propiedad y emitida por ellos, en sus territorios. Principalmente, por la necesidad de recaudar tributos y para pagar a los soldados.

En la actualidad, el campo de la economía política ha alcanzado una escala global, tanto en sentido productivo como financiero. Sin embargo, las monedas son principalmente estatales (o de agrupaciones estatales) y siguen contando con la impronta de la autoridad política, creemos que es inevitable que así sea. Pero ¿acaso ha habido innovación monetaria en los últimos dos mil años?

Pues bien, al igual que en esa Grecia, en nuestro tiempo se han dado una serie de circunstancias vinculadas al desarrollo de nuevas tecnologías que han permitido por primera vez en la historia monetaria una serie de innovaciones muy significativas: no depender de un tercero para la emisión de una moneda, permitir el acceso a cualquiera que así lo desee y disponga de internet, diseñar una moneda digital con muy buenas cualidades dinerarias, hacer un registro público universal e inmutable de las transacciones, y otras muchas novedades que desarrollaré en los siguientes capítulos. Internet, la globalización, la informática y las telecomunicaciones —el ciberespacio— han permitido el desarrollo de Bitcoin; y como la destrucción de aquello a lo que sustituyen es inherente a la innovación tecnológica, estas innovaciones deben tener un carácter destructivo proporcional a su magnitud.

3

¿La desnacionalización del dinero?

El desarrollo de la idea de sustraer al gobierno el monopolio de la emisión de dinero puso de manifiesto unas perspectivas teóricas fascinantes y mostró la posibilidad de adoptar medidas que nunca se habían considerado. En cuanto uno se libera de la *creencia universal*, aunque tácitamente aceptada, de que el gobierno debe proporcionar al país una moneda específica y exclusiva, surgen todo tipo de temas interesantes que hasta ahora no se habían planteado. El resultado ha sido una incursión en un campo totalmente inexplorado.

Hayek,
La desnacionalización del dinero,
on #Bitcoin

Hayek se encontraba escribiendo la obra de su vida, *Derecho, legislación y libertad*, y de repente cayó en la cuenta de algo, motivo por el que interrumpió la tarea para escribir *La desnacionalización del dinero*. De lo que se había percatado era, nada más y nada menos, de por qué el gobierno tenía que emitir el dinero, si al fin y al cabo no es más que otra mercancía con unas cualidades concretas, también podría ser ofrecida por el mercado. La primera vez que lo leí me parecieron ideas muy razonables, incluso lo relacioné con la posibilidad de que Bitcoin fuese en esa línea, pero no me lo terminaba de creer. Tres años más tarde, volví a leer el libro y le di una segunda oportunidad, y desde ese momento yo también caí en la cuenta de que eso era perfectamente posible, puesto que, como dice Hayek, sólo necesitamos: «Un dinero que resuelva el problema más simple, frenar la *inflación* [...], impedir que el gobierno oculte la *depreciación monetaria*».

Como hemos visto, para garantizar el peso y la pureza de la moneda y evitar ese coste de transacción, las monedas estaban avaladas por la autoridad correspondiente. Sin embargo, con el paso de los siglos se extendió la creencia de que era el gobierno el que confería valor al dinero, en especial a partir de 1971, año en que Nixon suprimió el patrón oro. Sí, hasta hace no tanto, gran parte del dinero en circulación era convertible en oro. Su escasez natural actuaba como un corsé para el poder político-bancario, que no podía emitir más papel moneda que el oro que tenía para respaldarlo.

La historia monetaria es la historia de cómo los gobiernos han defraudado a sus ciudadanos en la tarea de darles un buen dinero, cuando no ha sido por abusar expresamente de la confianza que les daban, ha sido por incompetencia. Es más, cuando había algún límite a su capacidad de manipular la moneda, se lo saltaban, incluso llegando a la confiscación del oro, como decretó Roosevelt en 1933 con la Orden Ejecutiva 6102. Si esto ha pasado en Estados Unidos, un país que presume de respetar la propiedad privada, la historia monetaria del resto también deja mucho que desear.

Con un poco de perspectiva histórica, unos pocos miles de años, tal vez podríamos haber caído —como Hayek— en la cuenta de que igual no era la mejor idea confiar a los políticos la emisión de algo tan preciado como el dinero. Si ya entre los particulares, entre los que rige cierta igualdad, tendemos a tomar el brazo cuando nos dan la mano, qué no harán aquellos que están en una posición de superioridad.

Hayek dio a luz una idea que ha abierto el suelo bajo los pies de una de las creencias más arraigadas, sólo nos queda ver si el jaque es mate, literalmente, si el *soberano* tiene escapatoria:

> Pero dado que la función del gobierno al emitir moneda no consiste ya en certificar el peso y la ley de ciertos pedazos de metal, sino que implica la expresa determinación de la cantidad de dinero que se debe emitir, los gobiernos resultan ahora totalmente inadecuados para la tarea, y puede decirse sin exageración que han abusado incesantemente y en todos los países de la confianza en ellos depositada por el pueblo, defraudándolo. [...] Las autoridades, al igual que los particula-

res, no deben poder tomar todo lo que deseen, sino que deben estar estrictamente limitadas al uso de los medios que los representantes del pueblo ponen a su disposición y no deben poder extender sus recursos más allá de lo que el pueblo tolere. [...] Al estudiar la historia del dinero, uno no puede dejar de preguntarse por qué la gente ha soportado un poder exclusivo ejercido por el gobierno durante más de dos mil años para explotar al pueblo y engañarlo. Esto sólo puede explicarse porque la *creencia* (la necesidad de la prerrogativa estatal) se estableció tan firmemente que ni a los estudiosos profesionales de este tema se les ocurrió ponerlo en duda. Pero una vez que se duda de la validez de la doctrina establecida, se observa enseguida que su base es *frágil*.[6]

6. Hayek, F. A., *La desnacionalización del dinero*, Instituto de Economía de Mercado Unión Editorial, 1983, pp. 21, 27, 29 y 30.

Parte 2

Bitcoin

4

¿Cómo abordar Bitcoin?

> En efecto, lo mismo que a los ojos de los murciélagos ciega la luz del día, lo mismo a la inteligencia de nuestra alma ciegan las cosas que tienen en sí mismas la más brillante evidencia.
>
> ARISTÓTELES,
> *Metafísica*, libro II, *on* #Bitcoin

Como las creencias nos constituyen, y Bitcoin va directamente contra dos de las más asentadas y prolongadas en el tiempo, es inevitable que la reacción natural, instintiva, sea oponerse a él, no creer en tal idea. Es lo normal, no sólo porque hay mucho ruido y confusión alrededor, es que tenemos una predisposición para ello.

Por si fuera poco, Bitcoin tiene una barrera de entrada enorme, y no me refiero a su precio, pues se pueden adquirir fracciones, satoshis; ni a que haya que pertenecer a un club, obtener un título o ser de algún país en concreto. Todo lo contrario, es un bien económico de una naturaleza distinta, que no entiende de clases sociales, nivel económico ni razas, sólo requiere que una persona quiera acceder a él e internet. La barrera de entrada es lo extraordinariamente complejo que resulta ser. Nos encontramos ante algo multidisciplinar, de una naturaleza radicalmente distinta y una innovación conceptual y tecnológica sólo equiparable al origen de la moneda —como hemos visto—; a la pólvora, que cambió la configuración de los ejércitos y modificó la lógica de la violencia; o a internet, que ha supuesto la descentralización de la producción, la distribución y el acceso a telecomunicaciones e información de forma global. Por todo ello, para la gente que no comprende el giro radical que supone ni su naturaleza, lo natural es menospreciarlo, en especial cuando da un paso atrás en el precio.

Trataré de mostrar que Bitcoin equivale a descubrir el oro, pero con mejores cualidades dinerarias; a inventar la contabilidad por partida doble, pero con un libro mayor global, público, y que supone un nuevo grado de inmutabilidad y verdad. Aprovecha internet y el desarrollo informático para redefinir el derecho de propiedad y lo hace inconfiscable, universal, accesible, no dependiente de terceros e imparable; todo a la vez.

Lo que empieza como curiosidad sobre este activo suele tardar en hacer clic, porque lo que propone es tan ambicioso que cuesta creer en ello, parece una simple ocurrencia. Sin embargo, cuando las piezas encajan y lo asimilas, de manera automática se convierte en una obsesión, y ves su alcance histórico. Parece no haber ningún cabo suelto, está todo pensado de antemano, cualquier objeción que plantees ya está resuelta a la perfección mediante mecanismos que ni imaginabas que podían existir hace más de una década. Es decir, abordar Bitcoin requiere hacer los deberes, sentarse a estudiarlo con seriedad. Porque la primera impresión es que es algo de *nerds*, meramente especulativo, una burbuja que tiene poco recorrido, que hay muchas criptomonedas que pueden superarlo, que tendrá algún fallo o se le podrá atacar y, en especial, que si supone algún problema para los Estados, éstos se lo quitarán de en medio sin dificultades. A estas cuestiones y otras trataré de dar respuesta.

En este libro no se pretende abordar la totalidad de Bitcoin —tarea inabarcable—, ni siquiera explicar —salvo aspectos que se consideren imprescindibles— su funcionamiento interno o novedades tecnológicas, campos que no domino y sobre los que ya se ha escrito y teorizado ampliamente. Al igual que para reflexionar sobre la naturaleza de internet o para utilizarla no se requiere conocer las características técnicas y tecnológicas, tampoco las considero necesarias para este ensayo.

Cuando Euclides presentó a Ptolomeo los *Elementos*, que este último le había encomendado escribir, le preguntó si no había un camino más corto para aprender geometría. A lo que Euclides respondió: «No hay caminos reales para la geometría». Esta anécdota, que enseña que da igual que seas el rey, si quieres saber geometría, tienes que seguir el mismo duro camino que los demás, también es aplicable a Bitcoin. Con Bitcoin no hay atajos, pero una vez se empieza a comprender supone una dosis de humildad, y te hace imaginar un mundo de posibilidades que antes eran difíciles de plantear. Y, sobre todo, te hace ver que habrá un cambio de era aún por definir. Por eso considero que tenemos el deber moral, en especial quienes tienen posiciones más ventajosas en la sociedad y las mentes mejor dotadas, de pensar y trabajar sobre él para construir un nuevo mundo.

5

¿Qué es Bitcoin?

Especialización en las funciones del dinero

> No creo que volvamos a tener un buen dinero hasta que se lo quitemos al gobierno de las manos; es decir, no podemos quitárselo violentamente, todo lo que podemos hacer es *introducirlo astutamente de tal forma que no lo puedan parar.*
>
> Hayek,
> 1984, *on* #Bitcoin

Bitcoin aspira a ser, claramente, esa «astuta introducción». Nuestra precomprensión del dinero se encuentra muy influenciada por el papel que ha desempeñado el oro a lo largo de la historia. El oro ha cumplido históricamente las funciones de medio de pago, unidad de cuenta y reserva de valor. El oro es un activo real, es una *cosa*, no es una deuda de nadie, y siempre ha cumplido aquellas funciones. Su oferta se incrementa año a año entre un 1,6 y un 2 por ciento, de forma muy similar a lo que se incrementa la producción mundial, por lo que a largo plazo su valor es muy estable. Sin embargo, además de que moverlo de un lugar a otro era muy inseguro, el oro era muy costoso y lento de transportar.

El último patrón oro que conocimos fue el de Bretton Woods. Tras la Segunda Guerra Mundial, sólo el dólar estadounidense estaría respaldado por oro (una onza por 35 dólares), mientras que el resto de las divisas tendrían un tipo de cambio fijo frente al dólar. Los políticos estadounidenses no fueron distintos del resto, y como poseedores del monopolio de la emisión del dinero crearon más del que respaldaban sus reservas en oro para financiar su elevado gasto público, en especial para la guerra de Vietnam. Ante la inflación y el riesgo de que Estados Unidos pudiese incumplir el compromiso, el presidente francés, Charles de Gaulle, exigió la conversión de sus reservas de dólares a oro. Tras varios parches fallidos y una inflación descontrolada, el 15 de agosto de 1971, el presidente Nixon acabó unilateralmente con la convertibilidad internacional del dólar al oro. Aunque se anunció como una medida temporal, en la actualidad sigue vigente.

Desde entonces tenemos las monedas fiat, un sistema monetario muy reciente por el que el dinero no es más que el pasivo del banco central, una deuda suya, y cuya oferta se puede incrementar tanto como considere. Así, el oro dejó cualquier vinculación con ser un medio de pago o una unidad de cuenta. Sin embargo, su capitalización apenas se vio afectada por ello, por lo que en realidad esas funciones no eran esenciales para el papel que cumplía de reserva de valor.

De este modo, podemos analizar los distintos activos monetarios desde el lado de la oferta, lo que daría lugar a distintas especializaciones en las funciones del dinero.

Las monedas fiat permiten ajustar la oferta a la demanda, por lo que es más fácil estabilizar su valor, reduciendo su volatilidad. Así que son un extraordinario medio para permitir el cálculo económico y actuar como intermediario general de los intercambios. Las monedas fiat son una especialización en las funciones de medios de pago y de unidad de cuenta. Pese a ello, los abusos de los banqueros centrales en el incremento de su oferta hacen que sean una pésima manera de atesorar riqueza a medio y largo plazo. En esos períodos todas las monedas fiat sufren enormes devaluaciones. No obstante, aunque sean un pésimo vehículo de ahorro, son extraordinarios medios de intercambio para lapsos cortos, tienen mucha liquidez intratemporal, permiten fijar los precios y establecer contratos denominados en ellas.

Por su parte, el oro sigue siendo una extraordinaria reserva de valor, porque al incrementarse su oferta de forma similar al incremento de la producción global, la demanda de oro se ajusta a medio y largo plazo a la oferta, manteniendo estable su poder adquisitivo. Si bien en términos de éste apenas se revaloriza. Se dice que hoy una onza de oro puede comprar lo mismo que en el Imperio romano, en aquellos tiempos una buena túnica y unas sandalias, hoy un buen traje y unos zapatos. Es un activo real especializado en mantener el valor en el tiempo.

Entonces, ¿qué lugar le queda a bitcoin? La oferta de bitcoin es determinística; es decir, ya está definida en su calendario de emisión y es inmutable. Sin embargo, por errores en la custodia, la cantidad de bitcoin disponible se reduce; esto es, llegado cierto punto, su oferta será deflacionaria. Al tener una oferta fija, los cambios en la demanda se ajustarán siempre vía precio, lo que convierte a bitcoin en un activo inherentemente volátil, dificultando las funciones de unidad de cuenta y medio de pago generalmente empleado. Nos encontramos así ante un activo con una oferta deflacionaria a largo plazo y con unas propiedades únicas —que analizaremos más adelante— que empujan su demanda al alza en el largo plazo. Por su volatilidad, será un mal activo para quienes tengan necesidades de liquidez a corto plazo, pero para los agentes solventes será un vehículo extraordinario para aparcar riqueza (liquidez intertemporal). Es un activo real digital especializado como depósito o reserva de valor. De hecho, es el activo que más se ha revalorizado de la historia.

Los economistas contemporáneos tienen una *visión mediopaguista del dinero*, claramente sesgada por las monedas fiat, por eso son ellos los que peor entienden Bitcoin. Los que están en contra, porque consideran que por no ser emitida por un Estado o por su volatilidad nunca será un medio de pago. Los que están a favor, porque se centran en desarrollar las funciones de medio de pago en

Bitcoin, cuando ésa no es su función esencial. No se diseñó para pagar cafés. No se trata de pensar Bitcoin desde las categorías y las ideas preconcebidas que tenemos, si no que repensemos todas estas ideas, teorías y categorías a la luz de Bitcoin.

Lucas (16,1-13): «No podéis servir a Dios y al dinero», o el «Poderoso caballero es don Dinero», de Quevedo, nos recuerdan que nuestra visión del dinero está estrechamente vinculada al atesoramiento de riqueza. Un dinero que se diluye entre las manos, como las monedas fiat, no es digno de tal nombre.

¿Qué es Bitcoin?[7]

> Bitcoin resuelve una serie de problemas históricos fundamentales.
>
> Nick Szabo,
> *Bitcoin Conference*, 2021, *on* #Bitcoin

Para comprender de manera adecuada qué es Bitcoin necesitamos verlo desde una doble perspectiva. Por un lado, desde la historia del dinero y de aquellos activos que utili-

7. De especial interés son las aportaciones y explicaciones de Manuel Polavieja, que ha estudiado y escrito de forma brillante acerca de Bitcoin. Su exposición acerca de los errores de Mises en su concepción del dinero y de cómo Menger lo comprendió de manera superior ayudará a muchos estudiosos de la materia a entender mejor Bitcoin.

zamos para transportar valor en el tiempo, como el oro. Por otro lado, desde las dificultades que presenta el ámbito digital para crear una mercancía con buenas propiedades para cumplir esos fines. Una vez vista la primera, vamos con la segunda.

Un bien sólo es considerado económico cuando es escaso, dado que si no es escaso no hay razón alguna para acapararlo ni intercambiarlo, por muy valioso que sea, como, por ejemplo, el aire que respiramos. Este aspecto, que es la primera lección de cualquier clase de economía, con los bienes digitales es problemático, porque son meramente conjuntos de datos y, por lo tanto, las unidades se pueden multiplicar sin apenas coste. Por ejemplo, podemos distribuir una misma imagen a través de una aplicación de mensajería a múltiples personas, pero el hecho de poder replicarla tantas veces como se quiera impide que sea un bien escaso y, por eso, que merezca la pena atesorarlo. Además, la posibilidad de su reproducción ilimitada equivale a la falsificación, imaginemos que cien unidades monetarias de nuestro banco pudiesen ser enviadas a muchas personas a la vez *(problema del doble gasto).*

Este obstáculo se podría resolver introduciendo a un tercero que haga de intermediario y que garantice que esa imagen o esas cien unidades monetarias no puedan ser reenviadas, como, por ejemplo, hacen las plataformas de series y películas o los bancos con nuestras monedas digitales. Pero si tienes que depender de un tercero, hay una serie de riesgos considerables, dado que dependes de su diligencia, estás sometido a sus normas, si tiene problemas técnicos te ves perjudicado en tu servicio, puede establecer mecanismos de censura, puede ser atacado, puede quebrar, puede ser intervenido por el Estado e impedir mantener la privacidad *(problema del tercero de confianza).*

Bitcoin consigue resolver estos dos problemas al crear el primer activo digital escaso que no depende de terceros. Puesto que no hay nadie que emita ni controle Bitcoin, sino que es fruto de un proceso de descentralización coordinado por un sistema de incentivos, éste no es el pasivo de ninguna empresa ni banco central, sino que es un activo real, como el oro, pero digital. Es una *commodity* digital, la única.

Asimismo, es un sistema monetario de efectivo digital *peer-to-peer*, es decir, se pueden realizar transferencias entre personas sin necesidad de confiar en otro. Su oferta está limitada a 21 millones de bitcoins, aunque cada uno es divisible en 100.000.000 de satoshis, al igual que el euro se puede dividir en 100 céntimos; se conoce su calendario de emisión y es inmutable. Su comunidad de usuarios, el sistema de incentivos y la red que se teje alrededor permiten emitir bitcoins, trazar su propiedad y transferirlos entre particulares. Además, es de código abierto, lo que permite un mayor número de programadores para su desarrollo y para descubrir sus posibles fallos, por lo que cualquier innovación tecnológica o necesidad de mejora también se puede implementar por consenso de la red, una red descentralizada cuya única preocupación es asegurar el sistema y mejorarlo.

Como ya he comentado, el dinero no es más que un sistema de registro de valor: un sujeto A intercambia X con B, y a cambio recibe Y en un momento O. Mientras que en la actualidad el principal papel de los bancos —al margen de la intermediación financiera y la inversión, y alguna política— es el de evitar el doble gasto de tu dinero digital; es decir, custodiar tus fondos y hacer un registro de lo que A ha enviado a B en O. Pues lo que hace Bitcoin es cumplir ese papel mejorándolo en todos los aspectos, y eso es lo que trataré de desarrollar.

Bitcoin te permite autocustodiar tu bitcoin —«*not your keys, not your coins*»—; tiene un registro público, inmutable, sellado temporalmente, de todas las transacciones que simultáneamente permite verificar su orden temporal, impidiendo que bitcoins que han sido enviados antes puedan volver a ser enviados, resolviendo el problema del doble gasto, esto es la blockchain de Bitcoin; una innovación equiparable a la contabilidad por partida doble. Además, es inconfiscable —redefiniendo el derecho de propiedad—, accesible a cualquiera, incensurable, y sus transacciones no pueden ser paradas por un tercero. A continuación, veremos todas sus cualidades con detenimiento y confrontaremos bitcoin con sus alternativas.

Voy a reproducir lo que hemos comentado antes de las cualidades del dinero para ver cómo encaja bitcoin respecto de ellas:

> Se entiende mucho mejor qué es el dinero si en lugar de como un sustantivo lo vemos como un adjetivo de determinadas mercancías. Es cierto que estas mercancías consideradas dinero suelen tener determinadas cualidades distintas a otras: no suelen ser consumibles, son divisibles, escasas, transportables, vendibles con facilidad —con mucha liquidez—, al-

> macenables, fungibles, deben facilitar la cuantificación, difíciles de manipular, fáciles de verificar y que no se deterioren con el paso del tiempo. Todas estas cualidades son las que permiten que estas mercancías sean utilizadas como *medio de intercambio*, que sean consideradas *buen dinero*. En definitiva, el dinero es una mercancía cuyo principal valor es facilitar los intercambios, lo cual es una función esencial dado que reduce los costes de comerciar, por eso es tan fundamental en las sociedades.

No suelen ser consumibles: bitcoin no lo es. Son divisibles: cada bitcoin se puede dividir en 100.000.000; escasos: sólo habrá 21 millones como máximo, sin contar los que se pierdan. Con mucha liquidez (en especial intertemporal): el mercado de bitcoin es global y está operativo veinticuatro horas, siete días a la semana. Almacenable: resulta muy sencillo de almacenar, y sus costes de custodia y almacenamiento son menores que los de cualquier otro activo con el que pueda competir. Fungible: el dinero debe ser el bien fungible por excelencia, y qué más fungible que un activo idéntico digital. Facilitar la cuantificación: dada su divisibilidad y su escala global permite la cuantificación de todos los bienes y relaciones en todo el mundo. Difícil de manipular: su oferta es inmutable, y su calendario de emisión conocido de antemano. Fácil de verificar: cualquiera puede verificar todas las transacciones que se han realizado desde el origen. Que no se deteriore con el tiempo: bitcoin no envejece, ventajas del ciberespacio y, además, sus transacciones son inmutables, irreversibles.

Bitcoin cumple todas las cualidades deseables de un buen dinero, a una escala nueva, con una seguridad e inmutabilidad nunca conocida y también redefine el derecho de propiedad. Además, por todas sus características de globalidad, seguridad, incensurabilidad, inmutabilidad, verificabilidad y no dependencia de terceros permite reducir los costes de transacción de una economía cada vez más internacional.

Bitcoin abre un mundo nuevo, un espacio de resistencia y libertad.

6

Redefinición del derecho de propiedad

> El Estado se ha acostumbrado a tratar a sus contribuyentes como un granjero trata a sus vacas, manteniéndolas en un campo para ordeñarlas. Pronto, las vacas tendrán alas.
>
> DAVIDSON y REES-MOGG,
> *The Sovereign Individual, on* #Bitcoin

Muchos son los cambios que introduce Bitcoin, aunque sin duda alguna uno de los de mayor transcendencia es redefinir el concepto de propiedad privada haciéndolo depender del conocimiento, en concreto, de unas *claves*, asunto que parece poco intuitivo, pero utilizarlo es en realidad tan sencillo como usar una página web o la aplicación de un banco.

Así es, Bitcoin redefine el derecho de propiedad privada haciéndolo efectivo de tal manera que permite que sea inconfiscable. Una vez que tienes tus claves —*«not your keys, not your coins»*— su tecnología te permite mantenerte fuera del alcance de cualquiera, y en caso de perder el dispositivo desde el que sueles acceder, puedes volver a tener acceso a tus fondos simplemente conociendo tu «semilla» —un conjunto de palabras—, que te permite recuperar el acceso a ellos en cualquier otro dispositivo.

La revolución es de tal magnitud que, para bien o para mal, te permite acumular riqueza sin que nadie más en el mundo pueda quitártela. Es un contrato de propiedad sin necesitar a los Estados, permite tener el control exclusivo de un bien sin necesidad de leyes ni intermediarios. Además, no sólo permite acumular valor, también permite transmitirlo sin depender del Estado, de una punta a otra del planeta, sin que nadie pueda impedirlo; esto, que parece difícil, lleva siendo así más de una década. Al suprimir la dependencia de un tercero, evitas la posibilidad de la censura o de cualquier limitación a tu propiedad, e incrementa la seguridad haciendo depender ésta del conocimiento. Esto supone un cambio jamás conocido en la historia, ni siquiera planteado. Cualquier bien corpóreo puede ser confiscado, pero en el ciberespacio, la soberanía del Estado no tiene poder, por lo que se pueden construir nuevas categorías antes simplemente impensables.

En las sociedades actuales, la propiedad privada depende del Estado, de su regulación, de sus registros, de sus impuestos y confiscaciones, de las decisiones judiciales, de su censura; con Bitcoin se crea un espacio a escala global en el que no pueden arrebatarte lo que allí tienes ni impedir que lo envíes.

De este modo, en lugar de verlo meramente como un sistema monetario alternativo, Bitcoin se entiende mucho mejor cuando lo consideramos como un sistema global de derechos de propiedad privada absolutos sobre un activo real digital. En el mundo occidental gastamos cantidades ingentes de recursos para gozar de «seguridad jurídica», para disponer de una propiedad privada muy limitada, en la que la decisión última siempre recae en el Estado. Necesitamos sistemas judiciales, leyes, registros de la propiedad, notarios, policías, ejércitos, administraciones, abogados, etcétera, para hacer efectiva la propiedad. Con Bitcoin se puede acceder a la propiedad de un activo real de forma sencilla y segura en todo el mundo sin necesidad de todo eso. Los países que no se pueden permitir económicamente desarrollar sistemas de *rule of law*, o Estados de derecho, verán con muy buenos ojos, en especial sus ciudadanos, un sistema que les permite acceder a la propiedad y transmitirla de forma segura. Por ejemplo, pensemos en cómo cambia una institución como la herencia. Dado que Bitcoin hace depender la propiedad del conocimiento de unas palabras (pueden ser doce o veinticuatro palabras), basta con trasladar esas palabras a los herederos para que accedan a ese patrimonio en Bitcoin. Por ello, un padre con tres hijos podría dar tres palabras a cada hijo y dejar otras tres palabras en el testamento, y los propios hijos tendrían que ponerse de acuerdo para acceder a la herencia. Y todo este proceso podría ser secreto para el Estado. Es más, aunque lo supiese, no podría hacer nada para impedir la transmisión.

Pensemos que hay 1.800 millones de personas desbancarizadas, y muchas más que no tienen acceso a una propiedad efectiva, ni a mercados de capitales con activos de calidad, ni al intercambio de valor por otros activos o servicios en internet. Bitcoin y los desarrollos que se hagan sobre él permitirán a todo el mundo, sin restricciones ni censura, acceder a una propiedad, poseerla y transmitirla de forma segura en un mundo global. ¡Y esto es mucho más que una alternativa al sistema monetario actual! Explorar estos aspectos abre un mundo fascinante de posibilidades.

Bitcoin libera a la propiedad privada de la tiranía de la violencia por primera vez en la historia, permitiendo que tu riqueza sea un secreto.

7

¿Por qué lo importante es Bitcoin y no blockchain?

> A veces se dice que una cadena de bloques es inmutable, y por eso Bitcoin lo es, como cualquier otra. No, no, no, hay un matiz importante.
>
> Emérito Quintana, *on* #Bitcoin

No pocas veces se escucha que lo importante no es Bitcoin, sino la tecnología blockchain. Pues ése es uno de los mayores errores sobre el que se está construyendo un castillo de naipes condenado a caer irremediablemente. Blockchain existe desde 1991, sin embargo, hasta Bitcoin nadie le había encontrado ninguna utilidad, dado que sólo tiene sentido tal como se emplea en él.

¿Por qué se dice que es más importante la tecnología

que Bitcoin? Porque el mercado está en un proceso de descubrimiento de Bitcoin, y todavía no se consideran sus cualidades dinerarias, por lo que se piensa que lo novedoso tiene que ser la tecnología que incorpora. Además, como suena a registro descentralizado de información, neutral y sellado en el tiempo, parece que se podría emplear para cadenas de suministro, para registrar y transmitir bonos o acciones, propiedad de inmuebles, etcétera.

En realidad, esas cualidades sólo las tiene la blockchain de Bitcoin, incluyendo el sistema en su conjunto, con el sistema de consenso e incentivos que le da seguridad e integridad. Como hemos visto, Bitcoin resuelve el problema del doble gasto, para ello necesitaba un registro inmutable, de tal forma que se evitase la posibilidad de enviar dos veces las mismas unidades monetarias digitales y también resolver el problema de la dependencia de terceros.

Pues bien, como señala Polavieja:

> La primera cuestión es que un sistema informático, basado en blockchain o no, es incapaz de verificar de forma autónoma la existencia y las cualidades de cosas que son externas al propio sistema. Un registro informático de monedas de oro no tiene manera de saber si una moneda de oro existe físicamente o no, si es auténtica, dónde está y quién la controla. Esta información la tiene que proporcionar un tercero.[8]

8. Polavieja, M., *El uso y abuso del término 'blockchain'*, s. f., <https://juandemariana.org/ijm-actualidad/analisis-diario/el-uso-y-abuso-del-termino-blockchain/>. Consulta: 11 de mayo de 2021.

Pero ahí ya dependes de otro. Si se aplicase para rastrear el origen de este oro, tampoco podría verificarse, dado que esa información tendría que ser introducida por alguien. Para el sistema informático sólo es posible verificar productos de su propia naturaleza. En el caso de Bitcoin, se trata de un conjunto de datos internos del propio sistema, por lo que para dicha verificación permite evitar la dependencia de terceros.

El segundo problema es que incluso si los datos son de la misma naturaleza del sistema, para alcanzar la inmutabilidad es imprescindible que cualquiera pueda verificar fácil e independientemente todos los datos, desde el origen, pero, insisto, sin tener que delegar en terceros. Y por ello tiene que ser difícil de manipular, no es suficiente con que revele que alguien ha manipulado la información.

Pues esto lo resolvió Satoshi mediante la brillante idea del *Proof of Work*, veamos la explicación de Emérito Quintana:

> En una blockchain se utilizan funciones hash, que es una forma matemática de crear huellas digitales únicas de cualquier información, huellas fáciles de verificar. Si se cambia cualquier dato, como un bloque con transacciones, la huella (el hash) cambia, evidenciando la manipulación. Para encadenar bloques, basta con incluir el hash del bloque previo en el nuevo, así el nuevo hash depende del anterior. Por lo que si todos tenemos la misma cadena y alguien cambia algo, nos daremos cuenta. Y así es, pero lo importante no es que te des cuenta de que alguien ha hecho una modificación (*tamper-evident*), la verdadera seguridad no es ésa. No tiene que ser evidente el cambio, tiene que ser prácticamente imposible modificar

nada (*tamper-proof*), eso sí lo haría seguro e inmutable. Y eso no lo consigue la cadena de bloques. La red Bitcoin exige a cada bloque una prueba de trabajo, exige que el hash tenga un cierto número de ceros, cosa que sólo se puede conseguir probando aleatoriamente. No se puede fingir que has conseguido un hash válido sin incurrir en un importante coste energético. Eso es minar. Los nodos de la red toman como verdad la cadena más larga, la que tiene más prueba de trabajo, más evidencia de energía acumulada [por lo que cualquier crítica al consumo de energía carece de sentido si se considera a Bitcoin útil, pues es fundamental para garantizar su inmutabilidad]. En ese escenario, y aunque tengas el 51 por ciento del poder computacional, ¿cómo cambias el pasado?, ¿cómo modificas una transacción de hace dos semanas? Eso en Bitcoin es una eternidad, ya está grabado en piedra bajo montañas de energía acumulada, un monumento de inmutabilidad. Una nueva categoría de lo inmutable. ¿Y por qué lo hacen los mineros? Por la recompensa, por el equilibrado sistema de incentivos económicos que protege la red, que ha pasado por un proceso ya irreplicable para que otras lo intenten imitar. Sólo necesitamos un sistema global de *Proof of Work*, no hay hueco para el segundo mejor. La diferencia entre *tamper-evident* y *tamper-proof* será trascendental al repasar la historia.[9]

La inmutabilidad de Bitcoin es una propiedad emergente del sistema de incentivos que construye, no del código

9. Quintana, E. [@fosodefensivo], 16 de noviembre de 2020, <https://twitter.com/foso_defensivo/status/1328124004104802305>. Consulta: 11 de mayo de 2021.

ni de blockchain. Eso explica por qué, aunque se pueda copiar el código de Bitcoin, ninguna otra criptomoneda puede reproducir su inmutabilidad, y por eso Bitcoin es irreplicable. Un acontecimiento único.

Por lo tanto, cualquier aplicación que emplee blockchain que no sea universalmente verificable e inmutable con datos internos del propio sistema o que dependa de terceros, es humo.

8

¿Por qué no otras criptomonedas? ¿Será superado por otras tecnologías? ¡Y el medio ambiente qué!

Shrek: Para tu información, Bitcoin es más complejo de lo que la gente cree.

Asno: ¿Ejemplo?

Shrek: ¿Ejemplo? Bitcoin es como las cebollas.

Asno: ¿Apesta?

Shrek: ¡No!

Asno: ¿Te hacen llorar?

Shrek: ¡Sí! ¡No! ¡Capas! ¡Las cebollas tienen capas! ¡Bitcoin tiene capas! ¡Las cebollas las tienen! ¿Entiendes? ¡Ambos tienen capas!

Asno: ¡Oh! ¡Ambos tienen capas! Pero no a todos les gustan las cebollas. ¡DOGE! ¡A todos les gusta Doge! ¡Y se hacen en capas!

Shrek: ¡Y a mí qué me importa... lo que le guste a la gente! ¡Bitcoin no es como las *shitcoins*!

Asno: ¿Y qué opinas de Ethereum?

Shrek, on #Bitcoin

Es probable que englobar todo bajo el concepto de «criptomoneda» sea el mayor error de todos los relacionados con el mundo de Bitcoin. Bajo este error y el anterior —la blockchain— se ha instalado la idea de que hay nuevas alternativas en competencia, disruptivas, que plantean una alternativa al sistema monetario establecido, y se ha comenzado una carrera por ver cuál será el siguiente Bitcoin. «¿Hay miles de criptomonedas, por qué va a ser la de Bitcoin la ganadora? ¡Encima es lenta!»

El error, seguramente malintencionado, es creer que lo importante de Bitcoin es que se caracteriza por el uso de criptografía y, ciertamente, la utiliza, pero no es lo que la diferencia de las anteriores monedas; de hecho, ya se usaba mucho antes que Bitcoin. En este aspecto, Bitcoin no presenta gran novedad, emplea algoritmos estándares ampliamente utilizados. No aporta ningún avance en criptografía, porque no es necesario.

Y ¿por qué todas estas monedas no compiten con Bitcoin? Porque ni siquiera lo intentan. Como hemos visto, una de sus cualidades fundamentales es la de no depender de terceros, si ya tienes un sistema garantizado que lleva funcionando más de una década sin depender de nadie, para qué vas a querer una copia —barata— que puede ser manipulada en cualquier momento por una entidad, una persona o una fundación. Más que aspirar a sistemas monetarios globales, son participaciones en proyectos empresariales, en el mejor de los casos, y en el peor, sistemas de *neolotería*. Si crees que bitcoin está caro, recuerda que siempre puedes acumular satoshis.

Ni siquiera una nueva tecnología se plantearía ser una

alternativa a Bitcoin, pues esa tecnología podría ser adoptada por ser de código abierto. Tampoco hay ninguna cualidad dineraria de las que hemos visto, que también podría ser adoptada, que supere a Bitcoin.

En definitiva, ninguna plantea una alternativa a Bitcoin, ni siquiera Ethereum, pues no tiene sentido tener grandes saldos de tesorería en una moneda cuya «virtud» son los *smart contracts* y cuyo crecimiento se basa en el castillo de naipes de la tecnología blockchain y las criptomonedas. No estamos haciendo *smart contracts* muy a menudo, por lo que en él se emplearán pequeñas cantidades de dinero para contratos puntuales, y demandar algo para deshacerte de él de inmediato no suele conferir mucho valor a un activo. Pese a ello, si continúa la especulación de si será el próximo Bitcoin, siempre podrá seguir a rebufo.

Día tras día brotan cientos de nuevas *shitcoins* que se proclaman las mejores por ser las más rápidas y menos costosas, y por procesar más transacciones por segundo a mejor precio. Pero, de nuevo, eso es no entender el problema que soluciona Bitcoin, para eso ya teníamos PayPal. Aquí de lo que se trata es de permitir la verificación universal sin depender de terceros para evitar el doble gasto, y para eso la lentitud de la capa base es una virtud, no un defecto, pues aporta seguridad. Para que cualquiera pueda verificar todo, Bitcoin limita el número de transacciones que se pueden incluir en cada bloque y mantiene cierto tiempo entre bloque y bloque. Esta limitación es lo que hace que el coste de transacción de un envío aumente cuando la demanda supera esta capacidad limitada. El coste es consecuencia de la demanda, ya que la capacidad para que una transacción sea incluida en el bloque se subasta procesando primero las transacciones de los usuarios que están dispuestos a pagar más, lo que también forma parte del sistema de incentivos para asegurar Bitcoin. Asimismo, hay que recordar que Bitcoin no está para pagar cafés, como tampoco lo está el oro, para ello no tenemos problemas en el día a día, sí para ahorrar y tener un activo como reserva de valor, aunque se pueden implementar aplicaciones que sí permiten hacer micropagos baratos en otras capas, como Lightning Network.

En el origen de internet también hubo una guerra, las *protocol wars*, en la que varios tipos de protocolos de comunicación se postulaban como candidatos a ser el sistema central de las comunicaciones y la información descentralizadas a escala global, muy similar a nuestra situación actual. Dependiendo de lo que demande el mercado, Bitcoin terminará imponiéndose o no. En aquella guerra venció el protocolo TCP/IP porque permitía un mayor grado de conectividad; en esta guerra, Bitcoin es el más seguro.

En cuanto al consumo energético, que es una de las críticas más frecuentes, hay muchos supuestos erróneos. El principal es partir de que Bitcoin es inútil. Los coches eléctricos también consumen electricidad, pero los coches son útiles, los usuarios pagan su electricidad, y ya. Bitcoin es un sistema monetario global, 24/7, totalmente accesible, con Bitcoin cualquiera puede desarrollar negocios, ni políticos ni banqueros pueden manipularlo, etcétera. Así que parece útil, y por ello razonable, que para garantizar su inmutabilidad y seguridad —como ya hemos visto— consuma la energía necesaria para sostener dicho sistema. Por si fuera poco, la posibilidad de la total deslocalización del consumo de energía que tienen que realizar los mineros podría solucionar gran parte del desperdicio de energía que se produce en el mundo, dado que buscarán la energía más barata, y no hay energía más barata que la que se desperdicia desde los centros de producción por los costes que tiene trasladarla a la red. A la vez, fomenta las formas de producción de energía que se generan a un ritmo constante, como la hidroeléctrica, por ejemplo. Muchos proyectos de renovables se desechan por la volatilidad de su producción respecto a la demanda esperada, que hace que buena parte del tiempo se malgaste energía. Bitcoin soluciona tales picos haciendo viables esos proyectos. Y, por si fuera poco, permitiría amortizar las infraestructuras eléctricas en países en vías de desarrollo, que tienen mucha sobrecapacidad en origen.

Pero nada de esto puede compararse con el verdadero efecto que produciría la adopción de Bitcoin por la mayoría de la población. Me explico. En nuestros días, el consumismo es lo que provoca la mayor parte del impacto ambiental, ¿qué pasaría si una mayoría significativa del mundo tuviese un dinero que con el paso del tiempo se revaloriza de forma constante en el largo plazo? Que tenderían a atesorarlo, a no consumir tanto y a no desprenderse de él (bajaría su *preferencia temporal*). Bitcoin abre la posibilidad a todo el mundo de ahorrar, de hacer un uso más racional del dinero:

> Entonces, creo que si tenemos una moneda que es más deflacionaria, la gente se verá incentivada, en lugar de salir y consumir artículos realmente inútiles, a ahorrar e invertir

> en proyectos a largo plazo. Creo que no es el consumo lo que impulsa realmente el crecimiento sostenible a largo plazo. Lo que realmente aumenta nuestra calidad de vida son los proyectos a largo plazo de tecnologías, investigación y cosas por el estilo. Las mejores cosas que jamás se han creado fueron esfuerzos de diez, veinte, treinta años; en lugar de ir a comprar algo inútil, ¿verdad?[10]

Los bancos centrales no cesan de *estimular la economía* generando una oferta monetaria cada vez mayor, que tiene como efecto crear nuevas unidades monetarias para gastar, depreciando la propia moneda, esto es, que hoy valga más que mañana y, por lo tanto, que sea mejor gastarlo y no atesorarlo, dado que si lo dejas en el banco pierde valor. Al tener un dinero que valga la pena atesorar en lugar de gastarlo en cualquier objeto, e impedir la expansión crediticia de los bancos centrales que generan cientos de proyectos empresariales condenados a fracasar y que desperdician los recursos escasos de la sociedad, el impacto a largo plazo de Bitcoin en el mundo podría ser el de corregir este consumismo.

10. Mahmudov, M., *El argumento definitivo de Bitcoin*, s. f., <https://medium.com/@apompliano/murad-mahmudov-the-ultimate-bitcoin-argument-b205a1987408>. Consulta: 12 de mayo de 2021.

9

La volatilidad

> La volatilidad es información que todavía no se ha digerido [...]. No existe una volatilidad alta, lo que existe es una exposición incorrecta a un activo volátil.
>
> ADOLFO CONTRERAS, *on* #Bitcoin

Una de las supuestas críticas más repetidas a Bitcoin es que es muy volátil, y, ciertamente, así es. En realidad, su precio es extrínseco a él, y señala algo muy importante: el mercado está en un proceso de descubrimiento de qué es Bitcoin. Pero lejos de ser un inconveniente, es muy deseable. Al fin y al cabo, sin volatilidad seguiría valiendo un dólar. Bitcoin no es una empresa, ni cuenta con un departamento de marketing, se tiene que dar a conocer de alguna manera.

Los nuevos proyectos empresariales son muy difíciles de valorar. Si entras al principio, corres el riesgo de que no llegue a buen puerto; si entras al final, dejas pasar una oportunidad de negocio única; sólo con una tesis de inversión apropiada, en la que analices qué compras, puedes valorar de manera adecuada ese activo y mantener el convencimiento al margen de su precio. Pasa igual con los futbolistas, cuando escasean las estrellas y su precio se dispara, los mercados de fichajes se vuelven locos con los precios de las futuras promesas tratando de discernir cuál será mejor y cuál peor. Esto podría servir de analogía para Bitcoin, si fuese posible que alguna de ellas compitiese, pero «así como no caben dos soles, no caben Darío y Alejandro».

Es un activo tan ambicioso que su valor podría superar por mucho al mercado del oro y la plata, pero es tan novedoso que muchos creen que en el futuro valdrá cero. Si en el futuro se convierte en uno de los activos más capitalizados del mundo, será porque el mercado habrá descubierto que es una alternativa mejor que todos sus competidores. Como analizaremos en el siguiente capítulo, darse cuenta de eso supone la apuesta más asimétrica que hay, pero esto sólo está comenzando. Como señala Adolfo Contreras, la volatilidad es información no digerida, un cartel luminoso que indica que hay gente que se está dando cuenta de que aquí está pasando algo que otros ni siquiera atisban.

A mí me salió muy caro no entenderlo en un primer momento, y si no hubiera sido porque volvió a subir de precio, porque seguía ahí cuando yo lo daba por muerto, no le habría prestado atención. La volatilidad es lo que permitirá su adopción, y cuanto mayor sea su adopción comprendiéndolo, menos volátil será. Dado que la volatilidad la produce la gente que entra porque ve a otros ganar dinero sin comprenderlo, y que huye cuando ve que el precio baja, la adopción masiva de Bitcoin pasa inevitablemente por la volatilidad. Merece la pena recordar aquí uno de los lemas de la comunidad de Bitcoin: «HODL». Su origen se encuentra en una publicación anónima de 2013 cuyo título era «I AM HODLING» debido al estado de ebriedad de su autor. En ella describía que era un *trader* terrible y no podía predecir como otros los mínimos y máximos, puesto que el precio de bitcoin estaba más bajo que cuando lo adquirió. Así que llegó a la conclusión de que los *traders* sólo podían llevarse su dinero si vendía. Y que sólo una persona de mente débil vendería sobre la base del miedo, y que iba a ignorar su miedo y mantener sus bitcoins —esperamos que desde entonces nuestro amigo haya HODL sus bitcoins—. Esta historia nos pone ante una realidad, la dificultad de comprender Bitcoin deriva en una tremenda volatilidad por la asimetría de información que hay en el mercado. El que compra sin saber lo que compra, no sabe cuánto *vale* Bitcoin; y cuando su precio baje, se asustará y venderá, o lo pasará muy mal con la volatilidad. Por eso es recomendable estudiarlo antes. Si no lo entiendes y llevas mal la volatilidad, Bitcoin no es para ti, al menos de momento; si aun así quieres formar parte: ¡HODL!

Bitcoin no tiene que hacer nada más que lo que lleva haciendo más de una década, ser inmune a todo el ruido a su alrededor y seguir a su ritmo, y eso hará: «Cuando despertó, Bitcoin todavía estaba allí».

10

¿Contra qué compite Bitcoin?

> Elegimos un crecimiento volátil sobre una degradación estable.
>
> VIJAY BOYAPATI, *on* #Bitcoin

Conviene definir el campo, porque competir, realmente compite contra todo aquello a lo que sus usuarios dejen de destinar su moneda actual. Pero por la naturaleza del bien, bitcoin es un activo entre otra clase de activos, aquellos que actúan como medios de intercambio, tanto entre personas —transferencia de propiedad— como intercambios con mi yo futuro —ser propietario a lo largo del tiempo—. Las monedas fiat actuales cumplen estos requisitos, pero no son las únicas. Los bonos, las acciones, los depósitos, el oro, los inmuebles, la deuda pública, los fondos de inversión y de pensiones, el arte, etcétera, también se caracterizan por ello, pues en un porcentaje significativo actúan como reserva de valor.

Como vemos, estos bienes pueden ser tanto tangibles como intangibles —contratos— y para llevar bien el registro de propiedad de los mismos dependen en gran medida de los Estados, tanto de su regulación, como de los contratos y de la propiedad, de sus necesidades, expansión monetaria e impuestos; por lo que su seguridad depende del Estado, algo que podría ocasionar problemas si éste entra en *crisis*. Además, desde la invención del telégrafo, los bienes tangibles son poco eficientes como registro de la propiedad, y para agilizar y reducir los costes de comerciarlos se han ido haciendo abstracciones, como vales, contratos o digitalizaciones. Asimismo, la oferta de todos estos bienes es variable, desde las monedas de los Estados, que pueden crear tanta como quieran, al oro, cuya oferta se incrementa entre un 1,6 y un 2 por ciento al año.

Dentro de estos activos hay algunos que también tienen riesgo de contrapartida; esto es, que una de las partes incumpla su obligación, por ejemplo, tener un depósito dinerario y que la entidad quiebre y no poder retirar tu dinero. Y hay otros que tienen riesgo de redenominación; es decir, la sustitución proporcional de una moneda por otra. Por ejemplo, en varias ocasiones en Venezuela se le han quitado ceros a la moneda, o en un caso hipotético de ruptura del euro, que los países que queden fuera tengan que volver a sus monedas nacionales devaluadas.

Si bien a cambio el Estado da cierta seguridad (según el país del que se trate, también hay que decirlo) a estos activos, una breve historia de la economía nos hace ver enseguida que la tónica general es devaluar las monedas, subir impuestos, una justicia lenta y grandes regulaciones y confiscaciones; y sí, hasta el oro ha sido confiscado.

Bitcoin frente a sus alternativas

> No hay nada mejor para que los hombres orienten correctamente sus intereses económicos que observar los grandes beneficios obtenidos por aquellos individuos más hábiles que decidieron aceptar, durante mucho tiempo, bienes de alta capacidad de venta a cambio de todos los demás.
>
> CARL MENGER, *on* #Bitcoin

Frente a todos esos bienes, ¿qué papel juega Bitcoin? Ya hemos visto que es un excelente registro de la propiedad, inmutable y público, en el que cualquiera puede verificar las transacciones y que no depende de terceros. Que redefine el derecho de propiedad y lo vuelve en la práctica inconfiscable, no al alcance de regulaciones, expropiaciones o impuestos. Que su oferta está limitada a 21 millones, por lo que no se produce una dilución de tu parte de la tarta, y al ser un bien presente, un activo real, no tiene riesgo de contrapartida. Que la limitación de su oferta impide el riesgo de redenominación. Pero que a cambio tiene un fuerte componente de responsabilidad individual, pues te conviertes en el custodio de tus fondos, y eso implica cierta diligencia, pero incluso ahí presenta novedades, pues abre un nuevo abanico de maneras de gestionar y responsabilizarte de tu patrimonio.

Honestamente, no creo que Bitcoin compita en el corto y medio plazo por ser un medio de pago del día a día —por muchos avances que presente Lightning Network—, para eso en la mayoría de los países no hay problema, por lo que no tendrá mucha demanda como solución. De hecho, cuando apareció Bitcoin ya existía PayPal, y, al menos de momento, con las monedas fiat convencionales ya es suficiente. Sin duda alguna, sí es un gran competidor de las monedas que presenten fuertes devaluaciones, de los depósitos a largo plazo, de las acciones que se utilicen como reserva de valor (las de empresas más consolidadas con fosos defensivos), e indiscutiblemente del oro, de la deuda pública, del *real estate* y del arte. Está por verse si en el largo plazo competirá con el dólar o el euro.

En todo el mundo, las políticas monetarias expansivas no han hecho otra cosa que devaluar las monedas. Inundar el mercado de dinero ha provocado que la mayoría de los ciudadanos tengan que convertirse en inversores a tiempo parcial, invirtiendo sus ahorros en este tipo de activos que venimos comentando, dado que dejar depositadas en el banco las ganancias de su trabajo suponía que perdían valor de forma constante. Esto ha supuesto una sobredimensión de los mercados de renta fija y variable, así como del *real estate*, puesto que la compra de inmuebles se ha consolidado como un valor seguro; de ahí los precios desorbitados que vemos en las principales ciudades del mundo.

Asimismo, la decadencia de los Estados de bienestar, junto a la demografía, no hacen presagiar nada bueno respecto de su capacidad para sostener sus promesas políticas de pago de pensiones y otras prestaciones sociales. Esto tiene un problema derivado, necesitarán recaudar más impuestos, por lo que subirán los gravámenes a estos activos, en especial a los más ilíquidos, como la propiedad inmobiliaria y los fondos de pensiones. Y mejor no hablar del riesgo de burbuja en la deuda pública o el arte.

Este nerviosismo en aumento ha lanzado al mercado una cantidad creciente de productos y servicios financieros cada vez más complejos, lo cual implica un alto riesgo de asimetría de información entre las partes, y siempre con el riesgo regulatorio presente. Veamos por qué en muchos casos bitcoin es mejor que estos bienes.

Frente a todos sus competidores, las principales ventajas de bitcoin son su naturaleza, sus costes de custodia y conservación, sus costes de envío y liquidez, y sus riesgos respecto a los de sus alternativas. Sus principales desventajas son los riesgos de custodia, que implican cierta responsabilidad, y su volatilidad, aunque de esta última ya hemos hablado antes, al igual que sobre su naturaleza.

Costes de custodia y conservación: dado que sólo es necesaria una *wallet* —hay de muchos tipos—, bitcoin es muy barato de custodiar. Y aun en caso de no querer hacerlo uno mismo, siempre puedes ceder la custodia a un tercero, si bien reduce una de sus virtudes, la no dependencia de terceros. Debido a que en el ciberespacio no envejecen, los costes de conservación no existen. Además, es un campo en el que no se para de avanzar con medidas de seguridad como la multifirma, el *timelock*, el *passphrase*, por mencionar algunos. ¿Cuál es el coste de custodia del oro? ¿Qué coste de conservación y vigilancia tiene un edificio o una obra de arte?

Costes de envío y liquidez: en Bitcoin los costes de envío son variables en función de la saturación de la red, no suelen suponer una cantidad significativa. Así que relativamente rápido y barato, permite enviar tanto valor como un dólar o millones de ellos. Al ser un mercado global que funciona veinticuatro horas, siete días a la semana, sin que nadie pueda pararlo ni impedirlo, su liquidez es muy elevada (en especial la intertemporal). ¿Cuánto cuesta enviar cientos de millones en oro? ¿Y en obras de arte? ¿Cómo liquidar mil millones en activos inmobiliarios?

En cuanto a sus riesgos, los hay de cuatro tipos: regulatorios, de contrapartida, de oferta y por conflictos.

Riesgos regulatorios: en las últimas décadas, el dinero en circulación, las regulaciones y los impuestos han experimentado un notable crecimiento, y nada parece indicar que vaya a cambiar la tendencia. Frente a eso, Bitcoin ofrece un espacio de libertad y seguridad, y, por lo tanto, de tranquilidad, donde no te afecta. El sistema de incentivos de Bitcoin proporciona más certeza jurídica que la arbitraria y creciente regulación de los Estados. ¿Qué opciones hay de que los Estados dejen de devaluar sus monedas? ¿Qué perspectivas hay de que no se incrementen las regulaciones? Tras una crisis como la del coronavirus, ¿qué se puede esperar de los impuestos sobre todos los activos, en especial los más ilíquidos? ¿Los políticos dejarán los fondos de pensiones privados intactos sabiendo que allí hay dinero acumulado?

Riesgos de contrapartida: no son pocas las veces que un tercero ha incumplido su obligación; de hecho, todo el desarrollo del derecho a lo largo de la historia se debe, precisamente, a que hay quien incumple sus obligaciones y contratos. Bitcoin es un activo real, un bien presente —por eso no tiene que estar respaldado por nada—, del que dispones, y salvo que lo mantengas en un Exchange o bajo la custodia de un tercero —*«not your keys, not your coins»*—, no tiene riesgo de que alguien no te lo dé. ¿Ha quebrado alguna vez un banco y no ha podido devolver el dinero a sus depositantes? ¿Ha quebrado alguna vez un Estado y no ha podido hacer frente a sus obligaciones? ¿Ha quebrado alguna vez alguna empresa y no ha podido hacer frente a sus obligaciones? Demasiadas.

Riesgos de oferta: la oferta de bitcoin es fija, son 21 millones de unidades, y conocemos de antemano su calendario de emisión. ¿Cuántos dólares se pueden emitir? No hablemos ya de otras monedas. ¿Quién te garantiza que no va a aparecer un competidor de la empresa que tiene acciones y lo va a expulsar? ¿Se podrá seguir emitiendo deuda pública indefinidamente a estos niveles?

Por último, los riesgos por conflictos: bitcoin es inconfiscable y no depende de terceros, por lo que su portabilidad es total y su invulnerabilidad muy alta. Puedes cruzar una frontera con millones de dólares en tu cabeza. La mayor parte del mundo vive en lugares seguros, pero ¿qué garantía hay de que siga siendo así siempre? La historia no es más que la sucesión de conflictos entre diferentes potencias, «War Never Changes».[11] En caso de que suceda, ¿qué parte de tu patrimonio estaría a salvo o podrías llevar contigo y liquidarlo en cualquier parte del mundo?

Todavía estamos en los inicios de Bitcoin, en un procedimiento de descubrimiento de sus cualidades por parte del mercado. Me parece que no son pocas sus ventajas frente a sus competidores.

11. Célebre cita pronunciada en la saga *Fallout*.

Parte 3

Los Estados y los bancos centrales frente a Bitcoin

11

Sobre el Estado

El Estado no es un concepto general aplicable a todos los pueblos y tiempos. Antes bien, se trata de un concepto histórico concreto vinculado a una época determinada; la segunda mitad del siglo XVI, en el que se sitúan sus primeros comienzos, ciertamente decisivos, y sólo llega a consumarse uno o dos siglos más tarde [...]. De las guerras civiles de religión surge en Francia la idea de la decisión política soberana que neutraliza todos los antagonismos teológico-eclesiales [...]. En esta situación, los conceptos de Estado y soberanía hallaron en Francia su primera y decisiva plasmación jurídica. Con ello, la forma organizativa del Estado soberano pasa a formar parte de la conciencia de

> los pueblos de Europa, convirtiendo al Estado, según la visión que de él tienen los siglos siguientes, en la única forma normal en que se manifiesta por antonomasia la unidad política.
>
> CARL SCHMITT, *against* #Bitcoin

Como comentaba en el prefacio, el propósito de este libro es provocar la crisis de dos creencias. De la primera, que una moneda que sea dinero debe tener el respaldo de una autoridad política, creo haber logrado exponer de forma razonada los motivos por los que esta afirmación no sólo no es necesaria, sino por qué Bitcoin es esa «astuta introducción» de la que hablaba Hayek, y las razones por las que es el mejor candidato para ello. El objeto de estos capítulos será provocar un terremoto en la segunda creencia, que *Estado* es un concepto que se puede aplicar a cualquier sociedad política y no cabe pensar en formas políticas postestatales. Seguramente Carl Schmitt sea el mayor pensador político del siglo XX, en su *Teoría de la Constitución* trata específicamente esta cuestión, junto a un artículo en el que lo desarrolla: «El Estado como concepto concreto vinculado a una época histórica».

El equívoco —denominar Estado a toda forma política— tiene su origen en el desarrollo de la ciencia política en el siglo XIX en Alemania. Al comenzar por el estudio de la polis griega como paradigma de lo político, lo tradujeron por ciudad-Estado —*Stadt-Staat*—, que en alemán son casi homófonas, por lo que se aplicó la categoría del mal llamado Estado moderno —pues no hay más Estado que el moderno— a la polis griega, lo que terminó por extenderlo a todas las realidades políticas. La difusión del pensamiento de Hegel y de Marx terminó por extender este error a otros grandes pensadores que vinieron después. Y no sólo eso, también se plasmó en las traducciones de pensadores anteriores, llegando a poner el término *Estado* en boca de Spinoza, que empleaba *Imperium*, e incluso de Aristóteles, que utilizaba el término *koinonia*, 'comunidad política'. De esta forma, al haber un vacío, un hueco, para una palabra que designe lo político —la unidad de cada realidad política—, el término Estado llenó ese espacio, de ahí que para nuestro tiempo toda forma política posible sea estatal y el debate gire, principalmente, en torno a si es necesario incrementar o reducir su tamaño, pero no se planteen nuevas formas políticas.

Esto ha derivado en considerar que el Estado es eterno, o bien por equipararlo a la coacción institucionalizada, o bien por considerar que antes de él hay tribus, pero que antes del Estado no hay política y, por consiguiente, que no hay nada que le pueda suceder. Como bien recuerda la cita de Schmitt, el Estado no es más que una forma política de una época concreta, y por ello es transitorio, una *idea histórica*. Lo que rige siempre es el gobierno, no el Estado, pues como señaló Robert Michels, siempre gobierna una minoría.[12] Por

12. En cuanto al número de los que gobiernan, da igual que se trate de una dictadura o una democracia, no pueden gobernar todos ni sólo uno, la que dirige el rumbo es siempre una oligarquía.

ese motivo, la historia de la filosofía política trata sobre el buen gobierno, y no sobre la buena forma histórico-política, que a lo largo del tiempo han sido diversas: la polis, la *urbs* romana, la *civitas* o *res publica christiana*, la basilea bizantina o el mismo Estado.

Esta realidad se puede apreciar a través de la distinción entre autoridad y potestad —*auctoritas* y *potestas*—. La autoridad es el saber socialmente reconocido, aquello a lo que se le atribuyen determinadas funciones por su conocimiento sobre un tema. La potestad es el poder encargado de mantener el orden concreto de una comunidad política. Por ejemplo, en Roma, el derecho clásico era cosa de la autoridad, en este caso de jurisprudentes, de los que se especializaban en determinar qué era lo justo en un caso concreto, y no había ninguna norma jurídica emanada del poder político que determinase qué tenían que juzgar como justo. Por este motivo había una separación tajante entre ambos poderes. A través de la idea de soberanía, Bodino fusiona ambos conceptos en uno, de tal forma que el soberano será a la vez autoridad y potestad. Pensemos en la imagen del *Leviatán* de Hobbes sosteniendo la espada y el báculo, símbolos de la potestad y la autoridad tradicionales.

Como realidad histórica, el Estado tiene su origen en el proceso de ruptura de la Iglesia católica a raíz del protestantismo, junto a las consecuencias territoriales del descubrimiento de América por el Imperio español. Al completar el globo terráqueo, las *lymes* —antiguamente no había fronteras delimitadas, sino espacios grises— dejan paso a las fronteras cerradas, y el universalismo del proyecto del Imperio español católico entra en decadencia para dejar paso a los particularismos, tanto religiosos como políticos, concretándose tras la Paz de Westfalia de 1648. Fue en el tratado de esa paz que se estableció el principio de la integridad territorial, y sobre él se erigiría un poder cuya característica sería la soberanía. Estas monarquías, que se tornaron absolutas, darían lugar a un aparato de poder que se independizaría de ellas, el Estado, que se adueñó de la soberanía —atributo que sólo corresponde a Dios—, permitiendo al que obtenga el gobierno ser el usufructuario de ella. No es casualidad que surja de las guerras de religión:

> Se desarrolla el Estado al hacerse absoluto el príncipe [...]. Las formaciones políticas así surgidas eran Monarquías absolutas. Consiste lo absoluto en que el príncipe es *legibus solutus*; es decir, está autorizado y en condiciones de despreciar, por razones políticas, sobre las que sólo él decide, las pretensiones legítimas de los estamentos y los privilegios y convenios existentes. [...] Es soberano; su poder, indivisible.[13]

Bodino definió la soberanía en Los *seis libros de la república* de la siguiente manera:

> Así, como el sumo pontífice —el papa— no se liga jamás las manos, como dicen los canonistas, tampoco el soberano puede ligarse las suyas, aunque quiera. Y por esto al cabo de los edictos y ordenanzas —legislación— vemos estas pala-

13. Schmitt, C., *Teoría de la Constitución*, Editorial Revista de Derecho Privado, 1934, pp. 55-56.

> bras: PORQUE TAL ES NUESTRA VOLUNTAD. Para dar a entender que las leyes de los soberanos, si bien sean fundadas en buenas y virtuosas razones, dependen de su pura y libre voluntad.[14]

El poder político siempre había tenido connotaciones religiosas, pero Bodino le atribuye al monarca directamente una cualidad divina, *sagrada*. Este concepto produce la escisión radical de la monarquía —que ahora detenta la soberanía— de su comunidad política, dado que antes el poder no determinaba el derecho, sino que en alguna medida se sometía a él y quedaba al margen. Debido a que la autoridad —saber socialmente reconocido— eran la Iglesia católica y sus juristas, y la potestad eran los monarcas, había una distinción clara entre autoridad y potestad.[15] Al abandonar a la Iglesia universal para formar sus proyectos particulares, sus Estados, la potestad absorbió también la autoridad, quedando por encima de la Iglesia y del derecho, y haciendo la ley. De esta manera, quedaba el monarca absoluto como un demiurgo respecto de la sociedad, en la cual se encarga de organizar y de crear el orden a su *voluntad*.

14. Bodino, J., *Los seis libros de la república*, vol. I, Centro de Estudios Constitucionales, 1992, p. 276.

15. En *Historia de las formas del Estado. Una introducción* (El buey mudo, 2010, pp. 134-135), Dalmacio Negro lo explica de la siguiente manera: «El príncipe, soberano en tanto usufructuario por derecho propio de la soberanía propiedad del Estado, es la fuente del derecho. Bodino unió la supremacía natural de lo político, la supremacía sobre lo jurídico, el derecho a hacer leyes para crear situaciones nuevas. Hasta entonces era preciso descubrir en cada caso el sentido del derecho, misión encomendada a los jueces».

Por su parte, Hobbes fue el gran teólogo del Estado, pues esta soberanía que Bodino atribuye al monarca haciéndolo absoluto, Hobbes la traslada al aparato de poder del gobierno —el Estado—, creando el Leviatán, ese *Deus mortalis*. Por lo tanto, si algo es inherente al Estado, es la soberanía, cuyo principal valor en tanto que autoridad es la seguridad: «Sin Estado no hay libertad, la libertad es fruto de la seguridad que yo proporciono» podría ser su *leitmotiv*. Caracteriza el estado de naturaleza como un estado de guerra constante, en el que cada uno puede ser violentado por cualquier otro, parece que todo hombre tuviese que vivir con miedo a su vecino, aunque es probable que estas ideas tengan más que ver con la propia personalidad de Hobbes, que en su autobiografía reconoce que «My mother gave birth to twins: myself and fear».[16]

Cuando Bodino desarrolló el concepto de soberanía, incluyó como uno de sus componentes fundamentales el derecho de acuñar moneda. Los gobiernos se dieron cuenta de que este derecho monopolizado era muy lucrativo y otorgaba un gran poder. Un ataque a esta función sería un ataque directo a la soberanía y, por lo tanto, al Estado. Tengamos presente de nuevo aquello que comentaba al hablar de la *filosofía del dinero*, que éste tenía un carácter desacralizador:

> Con ello, el carácter originario o absoluto del poder estatal deja de ser un juicio de quien estudia la esencia del Estado

16. Su madre le dio a luz de forma anticipada ante el temor que sufrió por la llegada de la Armada Invencible.

> para convertirse en el dogma de un creyente. En la vivencia que éste tiene del mundo, la existencia del hombre pierde realidad y es el Estado quien se la apropia, convirtiéndose así en lo verdaderamente real, para luego trasvasar una parte de esa realidad al individuo y, recreándolo, volver a darle vida, ahora como parte de una realidad suprapersonal. Con ello, desembocamos en el centro mismo de una vivencia religiosa [una creencia muy arraigada], y nuestras palabras constituyen la descripción de un proceso místico.[17]

Si el dinero tenía un carácter secularizador y es inherente a toda nueva tecnología un carácter *destructivo* —y su destrucción es proporcional a la innovación que representa—, creo que con estas consideraciones ya se puede atisbar una parte del origen de la crisis a la que se enfrentan los Estados. Si su esencia, la soberanía, pierde uno de sus puntos de apoyo por una innovación tecnológica que hace absoluto el derecho de propiedad, y que al ser dineraria desacraliza, no tardará mucho en perder su aura religiosa, y llegado el caso de revelarse como *idea histórica* incapaz de cumplir su función, derrumbarse.

El propio teólogo del Estado ya incluyó esta posibilidad como una de las causas de disolución del Leviatán:

> Una quinta doctrina que tiende a la disolución de un Estado es que cada individuo particular tiene absoluta propiedad de sus bienes, hasta el punto de excluir el derecho del soberano. Todo hombre, efectivamente, tiene una propiedad que ex-

17. Voegelin, E., *Las religiones políticas*, Trotta, 2014, pp. 29-30.

cluye el derecho de todos los demás súbditos. Mas si disfruta de esa propiedad, ello es gracias al derecho a poseer la misma cosa. Pero si también se excluye el derecho del soberano, entonces no puede éste desempeñar la función que le han asignado, a saber, defender a los súbditos de los enemigos extranjeros y de las injurias entre los mismos súbditos, con lo cual el Estado desaparece.[18]

18. Hobbes, T., *El Leviatán*, Gredos, 2006, p. 265.

12

La crisis del Estado

> El Estado es una forma política concreta, correspondiente a un tiempo histórico determinado, es decir, una posibilidad histórica, no una constante, y, lógicamente, sus posibilidades se agotarán con su época, la época de la estatalidad. Hoy se percibe bien que el Estado Total, cuya figura ha dominado el siglo XX, es la apoteosis o cenit del Estado, que, degenerado en estatismo, no puede llegar más lejos.
>
> DALMACIO NEGRO, *on* #Bitcoin

En el mundo se respira un ambiente de incertidumbre, en el que la ansiedad se va generalizando, inconscientemente se va asimilando que las cosas no volverán a ser como antes. Hace unos años, si uno no se sentía cómodo en el ambiente de su país, se podía ir a otro, pero ahora la cuestión es: «¿A cuál? Si están todos igual». Se ha instalado en el imaginario colectivo que los jóvenes vivirán peor que sus padres, y no es de extrañar, pues la generación anterior ya ha crecido y apenas ha podido formarse un proyecto de vida. Hay dos generaciones que no conocen otra cosa que la crisis, primero la de 2008 y ahora la del COVID-19.

Cuando se plantean la mera idea de un proyecto vital, no pueden evitar pensar que lo tienen realmente complicado, y no es algo que dependa de que se esfuercen más o menos, es una circunstancia histórica generalizada. Al desánimo le sigue la renuncia a las aspiraciones, a conformarse con una vida estándar; con suerte.

Uno de los grandes cambios que no hemos asimilado y al que no hemos prestado la atención que deberíamos es el incremento de la esperanza de vida. Evidentemente, es uno de los mayores avances que hemos logrado, y tampoco tengo dudas de que durante este siglo continuará aumentando, al menos para una parte significativa de la población. Sin embargo, nuestras sociedades no estaban pensadas para vivir este gran cambio en tan poco tiempo, y la lentitud para introducir cambios por parte de los Estados, además de los pocos incentivos que tienen para llevarlos a cabo, ha agravado aún más la situación. No me refiero sólo a los sistemas del estado de bienestar, que no preveían pagar pensiones durante períodos tan largos, me refiero en concreto a la crisis de la institución de la herencia. Pues la herencia permitía el inicio de los proyectos vitales de los hijos en su juventud. El incremento tan significativo de la esperanza de vida resulta en que este capital que permite el inicio de dichos proyectos no se ha trasladado. Ahora se hereda, en la mayoría de los casos, en el ocaso de la vida, cuando empieza la tercera edad. Esto concentra en aquellos que tienen más de sesenta y cinco años la mayor parte del poder adquisitivo de las sociedades, pues no sólo cuentan con las pensiones, también reciben las herencias, y además son propietarios de los inmuebles que alquilan por precios astronómicos a los jóvenes. De ahí que la precariedad en los que no pueden empezar sus proyectos vitales y dependen de sus ascendientes, sea la norma y no la excepción; y eso sin contar con que esas generaciones se han endeudado en su nombre para las próximas décadas.

Que los jóvenes no tengan perspectivas de futuro es un peligro para nuestras sociedades, y no es la primera vez que pasa:

> Entonces acontece la estatificación de la vida, el intervencionismo del Estado, la absorción de toda espontaneidad social por el Estado; es decir, la anulación de la espontaneidad histórica, que en definitiva sostiene, nutre y empuja los destinos humanos. Cuando la masa siente alguna desventura, o simplemente algún fuerte apetito, es una gran tentación para ella, esa permanente y segura posibilidad de conseguirlo todo —sin esfuerzo, lucha, duda ni riesgo— sin más que tocar el resorte y hacer funcionar la portentosa máquina. La masa se dice: «El Estado soy yo», lo

> cual es un perfecto error. El resultado de esta tendencia será fatal. La espontaneidad social quedará violentada una vez y otra por la intervención del Estado; ninguna nueva simiente podrá fructificar [¿ninguna?]. La sociedad tendrá que vivir para el Estado; el hombre, para la máquina del gobierno. Y como a la postre no es sino una máquina cuya existencia y mantenimiento dependen de la vitalidad circundante que la mantenga, el Estado, después de chupar el tuétano a la sociedad, se quedará hético, esquelético, muerto con esa muerte herrumbrosa de la máquina, mucho más cadavérica que la del organismo vivo. Ésta empieza a ser esclavizada, a no poder vivir más que en servicio del Estado. La vida toda se burocratiza. ¿Qué acontece? La burocratización de la vida produce su mengua absoluta, en todos los órdenes. La riqueza disminuye, y las mujeres paren poco.[19]

Ahora sí tenemos un espacio en el que podemos escapar del Estado, poder custodiar nuestros ingresos para poder hacer planes de futuro y evitar que nos chupe el tuétano. Y no es poco en nuestras sociedades extremadamente polarizadas tener un refugio de esas características.

Asimismo, nos encontramos con una clara divergencia entre los intereses de mucha gente adinerada y los Estados. Históricamente, las grandes fortunas se han hecho de la mano de la política, en nuestro tiempo no es distinto,

19. Ortega y Gasset, J., *La rebelión de las masas*, Planeta-Agostini, 1985, pp. 170-171.

pero con fenómenos como la globalización y la descentralización de las nuevas tecnologías han aparecido muchos millonarios que han hecho su fortuna al margen de la política. Si sobreviene una crisis económica y política, ¿qué fortuna estará a salvo de la voracidad recaudatoria del Estado? En alguna medida, la situación ante la que nos encontramos es nueva, pues ahora sí van a poder evitarlo, lo cual seguramente conduzca a la llamada «secesión de los ricos», que tenderán a buscar tanto regiones seguras en que instalarse como formas de salvar su patrimonio, y sin duda lo harán frente a un Estado herido, veremos si de muerte.

Si esto sucede, y nada me hace pensar lo contrario, habrá que buscar nuevas formas políticas, dado que esto supone el fin de la posibilidad de la redistribución por parte del Estado, cualidad que se ha arrogado como motivo justificador de su existencia, el ser proveedor de la realidad social. Y es en especial importante abrir el campo de la imaginación política, pues el fin del Estado no es el fin de la política. La avaricia y la ampliación de competencias de los Estados pueden romper el saco, y en caso de no poder cumplir con las expectativas que ha generado, puede llevar a una parte significativa de la población —en particular entre los jóvenes— a una crisis en la creencia del poder político y a caer en la anarquía. Este pensamiento está alimentado por la percepción negativa del poder del liberalismo, que conduce al individualismo, lo cual me parece un error, porque el hombre es un *animal político*, como dijo Aristóteles, y no conviene ir contra la naturaleza de las cosas. Si el Estado cae, habrá que construir nuevas formas políticas, no abandonarse a la anarquía, pues el gobierno sí es eterno, y los hombres requieren ser guiados hacia la virtud.

Volviendo la vista a Bitcoin y sus posibles consecuencias, podría dar a entender que su utilidad sólo es individual, de ser capaz de mantenerse al margen del Estado y tener un espacio de libertad y, en efecto, ésta es su primera utilidad. Pero esta utilidad se hace de inmediato colectiva cuando el poder político que se ha extralimitado en sus funciones tiene que corregir su dirección recuperando sus principios. De ahí que algo nuevo que restrinja sus posibilidades no tiene por qué ser negativo, dado que su tendencia actual amenaza con acabar con muchas sociedades históricas. Volver al gobierno de los hombres y abandonar el mecanismo del Estado puede ser su mayor utilidad, pues sólo podrá hacer aquello que los ciudadanos le permitan. La importancia del éxito de Bitcoin puede tener una función también positiva respecto de la política.

Y es que lejos de ser una barrera al llamado globalismo, los Estados son la puerta de entrada de éste. Si el globalismo pone en riesgo las patrias históricas, no es por la oposición de los Estados, sino por su expresa colaboración. Por eso, entre el globalismo y el patriotismo, Bitcoin abre otra vía para explorar otras formas políticas. A pesar de aspirar a ser una moneda global, no va con el primero, pues no depende de terceros; y por afectar en gran medida a los Estados, tampoco va contra el segundo porque obligará a los gobiernos a encauzarse.

En definitiva, la sensación de incertidumbre generalizada no está injustificada, es justo en las épocas de crisis cuando aparecen los grandes hombres para tomar decisiones, y en nuestras manos está trabajar para construir y pensar en las nuevas formas políticas.

13

¿Qué pueden hacer los Estados contra Bitcoin?

> Bitcoin lo cambia todo... para mejor. Y siempre trabajaremos para mejorar Bitcoin. Ninguna persona (o institución) podrá cambiarlo o detenerlo.
>
> JACK DORSEY, *on* #Bitcoin

Nada.

14

Estados y Bitcoin

¿Qué pueden hacer en contra de su comunidad y adopción?

Al principio, dicen que es «teóricamente imposible».

Luego: «Quizás sea posible, pero ciertamente no es práctico».

Luego: «Pero sólo los grupos marginales lo están usando».

Más tarde: «Lo estamos estudiando».

Ahora: «Es el futuro. Estamos aquí para proporcionar gobernanza y regulación».

Timothy May, *on* #Bitcoin

El capítulo anterior puede parecer pretencioso, ¿cómo los Estados no van a poder hacer nada contra Bitcoin, si Elon Musk dice algo en su contra y su precio se desploma? Ciertamente, ya hemos visto que la volatilidad en su precio es muy elevada por la asimetría de información, porque la inmensa mayoría no comprende su naturaleza dado que está en un proceso de descubrimiento, y los Estados pueden hacer que su precio suba y baje sin dificultades. Cada pocos meses se difunde la noticia de que China lo ha *prohibido*, pero ¿cómo van a prohibir algo que no depende de terceros? Lo que suelen prohibir es su conversión a su moneda nacional en los *exchanges*, pero contra Bitcoin no pueden hacer nada, y así lleva más de una década. Pueden atacar a los bitcoiners, a los mineros, a los *exchanges*; pero ¿qué cabe esperar que logren contra un bien digital global que depende del conocimiento y tiene un mercado veinticuatro horas al día y siete días a la semana?

Sin duda, pueden poner palos en las ruedas en su adopción. La mala prensa, la distracción con sus monedas digitales CBDC (*moneda digital de banco central*), el utilizar el término «criptomonedas», subir impuestos, etcétera, son medidas que por supuesto retrasarán su adopción. Pero si Bitcoin sigue ahí con el paso del tiempo mientras todo lo demás fracasa, ¿no será esto hacerle el mayor favor posible al haberlo señalado como enemigo?

Otra cuestión para tener presente es qué sucedería si de forma significativa lo adoptan las empresas de un país, ¿iría el Estado contra los intereses de sus propias compañías?

¿Qué pueden hacer a su favor?

> No pienses qué puede hacer Bitcoin por ti.
> Piensa qué puede hacer tu país por Bitcoin.
>
> JOHN F. KENNEDY, *on* #Bitcoin

La historia no es más que la lucha descarnada entre las diferentes potencias políticas por imponerse. Si aparece un activo cualitativamente superior a la inmensa mayoría y es muy escaso, el incentivo para adoptarlo debería ser muy alto. Al igual que con la pólvora, quienes lo adopten primero saldrán beneficiados. Las ventajas competitivas que puede ofrecer tanto para la financiación como para el incremento del poder adquisitivo son considerables. Y, además, su éxito puede afectar en especial a algunos países, ¿por qué no utilizarlo como un arma?

A mi juicio, la estrategia más inteligente que pueden seguir los Estados, sus empresas y ciudadanos es adoptarlo, pues les dará a los primeros que lo hagan mucho poder frente a los últimos que entren, les permitirá costear sus inmensas deudas y mantener sus políticas de gasto. Adoptarlo e incentivar su adopción por parte de empresas y ciudadanos, enseñándoles en qué consiste, les dará mucha ventaja sobre el resto. Además, ser un país *Bitcoin-friendly* puede ser interesante, en especial si se quiere atraer capitales que estén buscando un lugar seguro en el que instalarse. Eso sin contar el trabajo que se creará en torno a él, y las posibilidades que abre y que están por explorar; como, por ejemplo, teletrabajar y cobrar de una empresa en Bitcoin desde cualquier parte del mundo. Atraer capital humano y grandes patrimonios nunca ha parecido tan fácil.

Los Estados se encuentran enfrentados unos con otros, no constituyen un todo homogéneo y armónico, por eso considero inevitable que se den este tipo de escenarios, en los que se adopten diferentes políticas respecto a Bitcoin. Sin duda, aunque mueran con ellas, muchos se aferrarán a sus monedas:

> Creo que es una combinación de incompetencia y de aferramiento absoluto al poder. Con el tiempo esto sucederá con todas las monedas fíat en todo el mundo, pero sucederá etapa por etapa. Por supuesto, las monedas del segundo y tercer mundo serán las primeras en colapsar, y el euro más establecido, luego el dólar. La fuga financiera desde allí hacia Bitcoin será un poco más gradual. Será más como una curva S y luego llegará a un punto en el que el dinero fluirá con rapidez hacia Bitcoin, porque, como he descrito, la gente se dará cuenta de que este dinero es más sólido que el otro. Hay gente detrás del otro dinero, y estas personas pueden hacer lo que quieran. Sin embargo, esto se rige por un algoritmo tan fuerte e irrompible y la comunidad de personas lo fortalece de tal manera que creo que la credibilidad, la fe y la confianza en Bitcoin en relación con las monedas fíat seguirá creciendo. Y como dije al principio, las monedas y la prima monetaria cognitiva que se coloca sobre ellas es, ante todo, una cuestión de confianza y credibilidad.[20]

20. Mahmudov, M., *op. cit.*

Bitcoin y los Estados

Con el pasado no se lucha cuerpo a cuerpo.
El porvenir lo vence porque se lo traga.

Ortega y Gasset,
La rebelión de las masas, on #Bitcoin

Bitcoin supone un torpedo a la línea de flotación del Estado. Los Estados tienen tres formas de financiar sus gastos: mediante impuestos, mediante deuda pública y mediante inflación (inflación como incremento de la masa monetaria, el aumento de los precios es una consecuencia de tal incremento). Bitcoin ataca a las tres líneas.

Primero, impide la fiscalización de lo que se mantenga en Bitcoin, pues es inconfiscable. Por lo que para los Estados supone una serie de límites muy considerables y nuevos desafíos para los que no están preparados.

Segundo, como hemos visto, es un activo que va a competir directamente con la deuda pública, por lo que los Estados —hiperendeudados— se verán obligados a subir los tipos de interés para poder atraer inversión a su deuda pública frente a bitcoin. Esto puede llevarlos a unas tensiones financieras que terminen por pinchar la burbuja de la deuda pública y a tener serias dificultades para costear sus gastos.

Tercero, si quieren que no se produzca una adopción masiva y rápida de bitcoin, lo mejor que pueden hacer es ofrecer una moneda que no se deprecie de forma constante, por lo que su mejor baza pasa por mantener estables sus monedas. En el momento en que se deprecien o hagan expansiones monetarias desorbitadas, tendrán problemas más que considerables con la fuga hacia otras opciones, entre las que bitcoin tiene todas las papeletas para convertirse en hegemónica. Además, verse obligados a hacer políticas de contención del gasto, e incluso recortes, puede suponer un coste político muy alto, y si tienen limitaciones a su política monetaria, tendrán serias dificultades para mantener sus déficits y su elevado gasto.

Por si fuera poco, si como reserva de valor cualitativamente superior, bitcoin desplaza una parte significativa del valor depositado en el *real estate*, el oro y la deuda pública, afectará directamente a la solvencia de los Estados y de la banca. No hay que olvidar que la moneda que en la actualidad emiten es un pasivo del banco central, que para mantener su valor se respalda en su activo con deuda pública, préstamos a la banca para hipotecas y préstamos a empresas, y oro. Si estos activos se deprecian con rapidez por aparecer un competidor superior a ellos en muchos aspectos, su solvencia lo hará a la par, depreciando a su vez las monedas que emiten y generando una inflación considerable; efecto similar a lo que ocurriría ante una condonación de la deuda pública que mantienen los Estados.

Y sí, el dinero fiat es un pasivo del banco central, esto se ve mucho más claro si recordamos que hasta hace no tanto era convertible en oro. Es decir, podías canjear los billetes por su equivalente en oro, de tal modo que el banco debía tener en su activo, al menos en la proporción establecida legalmente, tanto oro como en su pasivo billetes convertibles en aquél. Una vez que Nixon acabó con el patrón oro, el dinero siguió siendo un pasivo, pero si no era convertible, ¿cuál es la obligación que tienen? Pues mantener su poder adquisitivo, controlar su precio. Y como cualquier precio se regula por la oferta y la demanda, tienen en su activo principalmente deuda pública para poder ofertarla en el mercado en caso de que tengan que influir en su precio retirando del mercado dinero fíat. Pero, como comentaba, si la deuda pública tiene menos demanda por aparecer un activo más atractivo que compite con ella, no podrán absorber todo el dinero fíat del mercado que quieran, por lo que pueden llegar a tener dificultades para mantener el control sobre sus políticas monetarias, y si su dinero pierde credibilidad por no poder controlarlo, también perderá demanda, produciendo una fuga hacia otros bienes. Tal vez sería recomendable que también ellos comenzasen a atesorar bitcoin.

Todo ello supone limitar de forma drástica su capacidad de distribución de la riqueza y de gasto público, por lo que las masas que han depositado su vida y su confianza en el Estado pueden temer una gran disminución en sus expectativas de vida. Si esto acontece, la crisis del Estado será total, pues al ser su esencia la soberanía, esto es, el poder que garantiza la seguridad y el saber —la autoridad—, que le da el aura para utilizar el poder, su descrédito provocaría su final. De ahí que, como comentaba al principio, Bitcoin sea la mayor arma contra el Estado:

> Las naciones se hunden más y más en un mar de deudas ilimitadas. Las deudas públicas, que en un principio fueron

> una garantía de los gobiernos porque hacían que muchos estuviesen interesados en mantener la tranquilidad pública, puede que, si son excesivas, se conviertan en un medio de subversión. Si los gobiernos deciden pagar dichas deudas mediante el procedimiento de imponer grandes impuestos, perecen porque se hacen odiosos al pueblo. Mas si no las pagan, serán destruidos por la oposición de la más peligrosa de las facciones: el interés monetario de aquellos que han sido perjudicados sin llegar a ser destruidos.[21]

21. Burke, E., *Reflexiones sobre la Revolución en Francia*, Alianza, 2003, pp. 231-233.

15

Los bancos centrales y las crisis económicas: un callejón sin salida

Los bancos centrales y las crisis

> El principal fallo del orden del mercado y la causa de las justificadas censuras que se le dirigen (sus crisis de depresión y desempleo) son la consecuencia de un antiquísimo monopolio del gobierno: el de emisión de moneda.
>
> HAYEK (sí, otra vez),
> *La desnacionalización del dinero*,
> *on* #Bitcoin

Los bancos centrales son parte consustancial del actual sistema financiero y de los Estados, y su misión principal es llevar a cabo la política monetaria. Si se vuelven incapaces de controlar la política monetaria o entran en crisis, pueden arrastrar de forma directa a los Estados, pues son sus principales financiadores indirectos.

Una parte muy significativa de las crisis recurrentes del capitalismo tiene su origen en causas monetarias, en las políticas que llevan a cabo precisamente los bancos centrales. Lo más extendido entre ellos es llevar a cabo una política monetaria expansiva; es decir, incrementar de forma significativa la masa monetaria, que llega a la sociedad a través de los préstamos a las empresas y mediante la financiación de los Estados y su gasto público. Es una forma de estimular la economía, de forma similar a como uno se toma un café para poder despertarse por las mañanas. Sin embargo, cuando uno no puede vivir sin café y cada vez necesita tomar más cantidad para sentir el mismo efecto estimulante, tiene un problema, y esa situación es muy similar a la que se encuentran nuestras economías *estimuladas* por las políticas de *quantitative easing* (QE).

El crédito artificialmente barato que se concede a través de estas inyecciones de liquidez lanza a los empresarios a iniciar proyectos empresariales que no llevarían a cabo bajo otras condiciones de financiación y a los Estados a incrementar su gasto público. No obstante, esto tiene efectos sobre toda la estructura productiva, produciendo una distorsión de los precios que lleva a los empresarios a no poder culminar de manera adecuada los proyectos que habían iniciado precisamente con ese dinero fácil que ofrece este tipo de políticas. Cuando el mercado descubre esto, se producen las llamadas crisis, que generan desempleo, desperdicio de recursos y esfuerzos de la sociedad, frustración en aquellos empresarios que no han podido culminar sus proyectos y un reajuste doloroso en las sociedades.

Esto se debe a esa expansión artificial del crédito sin un correlativo aumento del ahorro previo, algo que causa una serie de efectos —que explicaré a continuación— que es lo que denominamos ciclos económicos. Su explicación, seguramente, sea la mayor contribución de la escuela austríaca de economía.[22]

El primer efecto es un aumento importante del precio de los factores de producción que demandan los empresarios por las nuevas unidades monetarias que han recibido de los bancos en el proceso de expansión crediticia. Como no ha habido un crecimiento del ahorro, no se han liberado recursos —no han dejado de consumirse— de las etapas más próximas al consumo, y la única manera de atraerlos a estos proyectos de inversión es pagar una prima adicional por ellos. Lo mismo pasa con el resto de los factores productivos. Igual, liberar recursos es una forma eufemística de decirlo, pero veámoslo con un ejemplo. Si para ahorrar un conjunto de ciudadanos deja de ir a los restaurantes a cenar, los trabajadores de los restaurantes se quedan desempleados, pero podrán ser contratados por los empresarios para esos proyectos a más largo plazo, que son precisamente aquellos que los ciudadanos comprarán con el

22. La mejor explicación que he encontrado al respecto se encuentra en *Dinero, crédito bancario y ciclos económicos* (Unión Editorial, 6.ª ed., 2016, caps. V y VI), de J. Huerta de Soto. Trataré de seguirle y, llegado el caso, parafrasearlo sin pudor, aunque sin responsabilizarle del sesgo interpretativo, cuyos posibles errores serán sólo míos.

dinero que están ahorrando. Si estos ciudadanos no ahorran, de forma que liberen recursos en el presente y puedan financiar dichos proyectos, sino que se crea dinero de la nada para financiarlos, los empresarios tendrán que pagar una prima adicional; es decir, ofrecerle a ese trabajador algo más del sueldo que está cobrando en la actualidad para poder incorporarlo a su proyecto. Y al no haber ahorrado, los agentes económicos tampoco dispondrán de dinero en el futuro para comprar los bienes que se lanzan a producir. Por lo que se crea un desequilibrio entre lo que los empresarios producen y lo que los ciudadanos demandarán en el futuro. El descubrimiento de ese desequilibrio es lo que desencadena las crisis.

Entonces, el primer efecto observado es un crecimiento en el precio de la mano de obra, de los salarios, de las materias primas, de los bienes de capital y de los recursos naturales que demandan para sí los empresarios. Esta subida es un primer toque de atención, porque cuando hicieron sus proyectos, incluyeron en sus presupuestos unos precios determinados para los factores de producción que ahora se ven incrementados. Así que ya empiezan a ver que no obtendrán los beneficios que esperaban.

El segundo efecto es el crecimiento en el precio de los bienes y servicios de consumo, porque el dinero se va extendiendo paulatinamente y por etapas por toda la sociedad. El dinero de la expansión monetaria que se entrega primero a los Estados y las empresas va calando poco a poco en la sociedad. Como ahora los consumidores tienen más unidades monetarias, se dedican a consumir bienes y servicios de consumo inmediato, cuando todavía no se ha producido el efecto de incremento de la producción de bienes y servicios de consumo porque aún no han madurado los proyectos empresariales iniciados.

El tercer efecto es la disparidad en los beneficios de las empresas que operan en la estructura productiva de la sociedad, porque al crecer los precios de los bienes de consumo a un ritmo más rápido, los beneficios de las empresas que operan en los sectores más próximos al consumo, en términos contables y relativos, son mejores que los beneficios de las empresas de bienes de capital que todavía no han podido culminar sus proyectos de inversión y además ven que sus factores productivos cada vez les cuestan más.

El cuarto es el efecto sobre los tipos de interés. Cuando se crean unidades monetarias de la nada y se inyectan en el sistema prestándoselas a empresarios, se reducen las condiciones que se piden a cambio de los préstamos y el tipo de interés para que se animen a pedir más préstamos. Pero cuando esas unidades monetarias adicionales ya se han prestado y los precios de los bienes de consumo empiezan a crecer y comienza a haber *inflación*, los tipos de interés vuelven a su nivel anterior, e incluso en términos nominales a un nivel más alto, porque prevén la pérdida de poder adquisitivo de la unidad monetaria. Y eso hace que hoy el valor de los bienes de capital se reduzca.

El quinto es el efecto Ricardo. Si los precios de los bienes de consumo crecen a un ritmo rápido, más rápido que los salarios, significa que los salarios reales tienden a bajar. Eso indica a los empresarios que deben utilizar más mano de obra y menos bienes de capital, que eran justo los proyectos de inversión que habían realizado en la etapa de la burbuja. Por lo que los bienes de capital se quedan sin vender, y comienzan las quiebras y suspensiones de pagos, despidos y el aumento de la morosidad. Los empresarios *engañados* por el crédito fácil que han recibido de la banca han emprendido proyectos de inversión demasiado ambiciosos que no son sostenibles y sólo son rentables en las circunstancias de la burbuja, en la que los tipos de interés eran tan bajos.

Las crisis económicas sacan a la luz que esos proyectos de inversión producen bienes de capital que no tienen demanda; despilfarrando así los recursos escasos de la sociedad y desviando las energías de trabajadores y empresarios a proyectos condenados a fracasar. Como consecuencia de estas políticas, las estructuras productivas afectadas tienden a acortarse y a centrarse en los sectores más próximos al consumo, dejando a un lado aquellos proyectos empresariales que requieren un mayor período para su maduración.

A mi juicio, una de las grandes tareas de nuestro tiempo es acabar con este desperdicio de recursos naturales y esfuerzos, la generación de sufrimiento y frustración por los proyectos que, engañados por las políticas de los bancos centrales, emprenden los empresarios y que arrastran a la sociedad; y Bitcoin se plantea como una alternativa:

> La pasada inestabilidad de la economía de mercado es consecuencia de no haber sometido al proceso de mercado el dinero, que constituye el más importante regulador del me-

canismo del mercado. La abolición del monopolio gubernamental de emisión de moneda acarrearía también la desaparición de los bancos centrales.[23]

El callejón sin salida

> Todo lo que pueda romperse ha de ser roto; lo que aguante el golpe será bueno, y lo que se pulverice, bueno para la basura.
>
> DMITRI IVÁNOVICH PÍSAREV,
> *on* #Bitcoin

Sin embargo, hay mecanismos por los que se puede retrasar la llegada de estas crisis a costa de hacer la bola de nieve aún más grande —y la crisis posterior aún más grave, duradera y profunda—; es decir, prolongando las políticas expansivas, los llamados planes de estímulo. Para poder cubrir el primer efecto que hemos comentado antes, el incremento del precio de los factores de producción, estos planes tienen que crecer de forma progresivamente acelerada. En el momento en que esto no suceda así, se desencadenarán los efectos comentados, dando lugar al inicio de la crisis. Si los agentes económicos descubren este procedimiento y se anticipan no iniciando los proyectos con las unidades monetarias que les *regalan*, también se desenca-

23. Hayek, F. A., *op. cit.*, 1983, p. 104.

denaría la crisis económica. Si las expectativas de inflación se asumen de forma generalizada, se producirá el incremento de los precios de los bienes de consumo y un aumento significativo de los tipos de interés de mercado.

Hay tres posibles detonantes de estas crisis. En primer lugar, que se detenga o ralentice el ritmo de crecimiento de la expansión crediticia; es decir, «cerrar el grifo». Si los bancos y las autoridades perciben la posibilidad de una crisis y echan el freno para evitar que sea más grave, la precipitarán. En segundo lugar, si se mantiene la expansión crediticia, pero no al ritmo necesario para cubrir el incremento de los factores de producción, dado que dejará al descubierto la situación para los empresarios más perspicaces y arrastrarán al resto, precipitando también la crisis, en este caso con una alta inflación y desempleo, la *stagflation* o estanflación. Por último, si el sistema bancario mantiene el ritmo de crecimiento de la expansión crediticia para cubrir el incremento de los precios de los factores de producción, habrá una huida generalizada hacia los valores reales, un incremento muy significativo de precios de los bienes y servicios y, en última instancia, la quiebra del sistema monetario en caso de llegar a la hiperinflación, dado que los agentes económicos buscarán otro dinero. Todo ello sin evitar la crisis económica, por supuesto.

Si crees que hay signos de estos escenarios, no te culpo.

Adicionalmente, la pandemia ha tenido dos efectos. Primero, dado que la demanda de dinero por parte de los agentes económicos y particulares para poder hacer frente a la incertidumbre se ha incrementado, ha acelerado la expansión crediticia, pero como es para escenarios posibles, no lo gastan, por lo que la inflación generalizada no se percibe, lo que acelera aún más la expansión crediticia porque la *inflación* no se nota. Segundo, como consecuencia de los confinamientos y las restricciones, ha producido una contracción significativa en la producción; esto es, se ha reducido considerablemente la oferta de bienes y servicios. Un incremento importante del dinero con una caída de los bienes y servicios ofertados lleva de manera inevitable a un alza de los precios cuando la situación de incertidumbre se disipe y los ciudadanos pasen a gastar el dinero que atesoraban en los bienes y servicios disponibles.

> La conclusión no puede ser más clara. Los bancos centrales se han metido en un verdadero callejón sin salida. Si huyen hacia delante e impulsan aún más su política de expansión monetaria y monetización de un déficit público que no deja de aumentar, corren el riesgo de generar una grave crisis de deuda pública e inflación. Pero si ante el miedo de pasar del escenario de «japonización» previo a la pandemia a un escenario próximo a la «venezuelización» con posterioridad a ella, detienen su política monetaria ultralaxa, entonces de inmediato se hará evidente la sobrevalorización de los mercados de deuda pública y se generará una importante crisis financiera y recesión económica, tan dolorosa como saludable a medio y largo plazo. Y es en este contexto en el que la única recomendación sensata que se puede dar a los inversores es que vendan todas sus posiciones en renta fija cuanto antes, pues no se sabe por cuánto tiempo más los bancos centrales seguirán manteniendo de forma artificial

> un precio de la misma tan desorbitado como jamás se ha visto en la historia de la humanidad.[24]

Esta vez, en caso de que se llegue a una *inflación* significativa, sí habrá una forma de protegerse de ella. Recordemos que, para Hayek, una moneda que fuese independiente de los Estados sólo tendría que resolver el problema más simple: frenar la inflación.

24. Huerta de Soto, J., «Los efectos económicos de la pandemia. Un análisis austriaco», *Cuadernos Para El Avance De La Libertad*, suplemento al número 9 de la revista *Cuaderno* n.º 2, marzo de 2021, p. 23.

Epílogo

El futuro de Bitcoin

Ante el peligro, nace lo que salva.

HÖLDERLIN, *on* #Bitcoin

Creo haber cumplido el propósito que planteé en el prefacio, haber puesto de manifiesto que estas dos creencias deben recuperar su naturaleza original de ideas históricas.

En cuanto a Bitcoin, está en un proceso de descubrimiento por el mercado —rara vez habíamos asistido en la historia a un proceso de monetización—, y cuando se descubra, se verá que resuelve problemas de seguridad, confianza y preservación; cuestiones fundamentales en un bien tan esencial como el dinero. Además, cumple de forma inigualable las tres leyes que para Hume eran fundamentales para la convivencia pacífica: la estabilidad en la posesión, la transferencia de la propiedad mediante consentimiento y el cumplimiento de las promesas hechas. Sin embargo, sin duda una innovación de estas características tendrá un efecto destructivo significativo, en el límite, el del Estado mismo como forma política; pero también un efecto expansivo del comercio y de una nueva economía que requiere de una moneda global ampliamente utilizada, por lo que considero que van a aparecer muchas ideas de negocio a su alrededor, formándose una *cibereconomía* que muchos Estados aprovecharán.

Asimismo, considero que en el medio y largo plazo seguirá revalorizándose, y que será adquirido por grandes instituciones y cada vez más personas ahorrarán en él. Nada hace pensar que los Estados dejen de zombificar la economía, por lo que Bitcoin seguirá siendo una alternativa los próximos años. Sin abandonar su volatilidad, dado que con cada ola de nuevos usuarios seguirán produciéndose las subidas y bajadas por el miedo a quedarse fuera cuando suba y por el miedo a que se hunda cuando baje.

No obstante, en el largo plazo Bitcoin será un agujero negro que absorberá una enorme cantidad de valor y producirá una transferencia de éste de alcance histórico —y puede que también una transición política—, de la que saldrán beneficiados los jóvenes, los expertos en tecnología y los curiosos. Bitcoin habrá triunfado cuando los Estados prefieran cobrar impuestos en él a cobrarlos en las monedas que ellos emiten.

Tampoco hay que olvidar que la situación de la banca es delicada, sin apenas rentabilidad, con una alta concentración y dependientes de los Estados, con una imagen pésima a lo largo y ancho de las sociedades. Frente a ellos, Bitcoin es una alternativa para todos, los jóvenes y no tan jóvenes, una forma de decir no a la falta de privacidad, no al monopolio estatal de la emisión de moneda, no a depender de terceros para acceder a mis fondos, no a la inflación, no a impuestos confiscatorios, no a la deuda en mi nombre, no a los rescates de la banca, no a los corralitos, no a la corrupción con nuestro dinero, no a los privilegios de la banca, no al despilfarro político.

El futuro no es un porvenir, sino un por hacer; y eso es lo que debe invitarnos a tomar las riendas y asumir el compromiso personal de tratar de construir el mejor futuro que podamos, cada uno, con las herramientas de las que disponemos. Las sociedades evolucionan por la fuerte determinación de una minoría de personas que son capaces de hacer la diferencia, en los próximos años veremos su convergencia de expectativas en el mejor bien monetario.

> Puedes evitar la realidad, pero no puedes evitar las consecuencias de evitar la realidad (Ayn Rand, *on* #Bitcoin).

El Estado en la encrucijada

> Sócrates: Que nadie se ha librado nunca de su destino, lo que necesita es ver de qué manera deberá conducirse para pasar lo mejor posible el tiempo que le quede de vida.
>
> PLATÓN,
> *Gorgias*, *on* #Bitcoin

Después de hacerse con la autoridad, el poder político ha alcanzado cotas nunca antes imaginadas; sin embargo, embriagado de tanta potencia, dejó su función de gobierno de las personas y se centró en la administración de las cosas. Al asumir una tarea que no le compete y desviarse de su papel, su crisis puede poner en peligro la idea misma de comunidad política. Por ello considero fundamental la tarea de pensar en las nuevas formas políticas y no abandonarse a la anarquía ni al individualismo. Gobernante procede del griego *Kybernetes*, que significa 'timonel'; no es de extrañar que el abandono de sus funciones de dirigir a las personas esté conduciendo al naufragio a nuestras sociedades y a un «sálvese quien pueda», en nuestras manos está volver a coger el timón.

Un Estado encerrado en su propio laberinto tendrá que reformularse para dejar paso a otra fórmula histórica, mientras pierde competencias que consideraba imprescindibles, tiene dificultades para mantener sus bancos centrales y lucha en competencia con los otros Estados en la misma situación. Una vez que se quite el velo de creencia y se revele como idea histórica, su autoridad estará seriamente cuestionada. Sin otro poder que haga de contrapeso, el Estado sólo será violencia.

Sin duda, Bitcoin le ha hecho una herida muy profunda: quitarle el control absoluto sobre la propiedad y el dinero, algo que afecta de un modo u otro a toda la vida política. Veremos si es una herida de muerte para aquella forma de despotismo que denunciaba Tocqueville:

Si quiero imaginar bajo qué rasgos nuevos podría producirse el despotismo en el mundo, veo una multitud innumerable de hombres semejantes e iguales que giran sin descanso sobre sí mismos para procurarse pequeños y vulgares placeres con los que llenan su alma. Cada uno de ellos, retirado aparte, es extraño al destino de todos los demás. Sus hijos y sus amigos particulares forman para él toda la especie humana. En cuanto al resto de sus conciudadanos, están a su lado, pero no los ve; los toca, pero no los siente, no existe más que en sí mismo y para sí mismo, y si todavía le queda una familia, se puede al menos decir que no tiene patria [...]. Por encima de ellos se alza un poder inmenso y tutelar que se encarga por sí solo de asegurar sus goces y de vigilar su suerte. Es absoluto, minucioso, regular, previsor y benigno. Se parecería al poder paterno si, como él, tuviese por objeto preparar a los hombres para la edad viril, pero, al contrario, no intenta más que fijarlos irrevocablemente en la infancia. Quiere que los ciudadanos gocen con tal de que sólo piensen en gozar. Trabaja con gusto para su felicidad, pero quiere ser su único agente y sólo árbitro; se ocupa de su seguridad, prevé y asegura sus necesidades, facilita sus placeres, dirige sus principales asuntos, gobierna su industria, regula sus sucesiones, divide sus herencias, ¿no puede quitarles por entero la dificultad de pensar y la pena de vivir? Es así como cada vez hace menos útil y más raro el empleo del libre arbitrio, cómo encierra la acción de la voluntad en un espacio menor y cómo poco a poco arranca a cada ciudadano hasta el uso de sí mismo. La igualdad ha preparado a los hombres a todas esas cosas, les ha dispuesto a sufrirlas y a menudo incluso a considerarlas beneficiosas. Tras haber tomado así por turno a cada ciudadano en sus poderosas manos y haberle modelado a su modo, el *Soberano* extiende sus brazos sobre la sociedad entera y cubre su superficie con un enjambre de pequeñas reglas complicadas, minuciosas y uniformes, a través de las cuales las mentes más originales y las almas más vigorosas no pueden abrirse paso para sobrepasar la multitud. No destruye las voluntades, sino que las ablanda, las doblega y las dirige. Raramente fuerza a obrar, pero se opone constantemente a que se actúe. No destruye, pero impide hacer. No tiraniza, pero molesta, reprime, debilita, extingue, embrutece y reduce en fin cada nación a no ser más que un rebaño de animales tímidos e industriosos.[25]

Álvaro D. María,
Madrid, 23 de mayo de 2021

25. Tocqueville, A. de., *De la democracia en América*, Alianza Editorial, 1985, vol. II, 4.ª parte, cap. VI.

Apéndice

Historia de *La filosofía de Bitcoin*

En 2016 comencé a leer sobre Bitcoin mientras estudiaba derecho y filosofía en la Universidad Complutense de Madrid. Desde segundo de carrera estaba muy interesado en temas monetarios, claramente influenciado por la escuela austríaca de economía. Tras leer sobre Bitcoin y blockchain para unos trabajos en la universidad llegué a la conclusión de que aquello no tenía el menor interés, que Bitcoin sería superado por otras criptomonedas y que lo revolucionario era blockchain. Tras mi decepción me centré en estudiar teoría del Estado y filosofía del derecho.

Sin embargo, en 2019, Emérito Quintana, uno de los mejores inversores de España, empezó a prestarle atención a Bitcoin, y por el respeto y admiración intelectual que le tenía, le di una segunda oportunidad a Bitcoin. Empecé a estudiarlo a fondo y comprobé que todas las ideas preconcebidas que tenía sobre este activo eran erróneas.

Estuve dos años estudiando de forma obsesiva, entre seis y ocho horas al día, todo el contenido que se generaba sobre Bitcoin, conectándolo con mis conocimientos de economía, filosofía, derecho y teoría del Estado, hasta llegar a tener una comprensión completamente nueva del activo.

Cotejé este análisis filosófico de Bitcoin con las personas más inteligentes que conocía, y la mayoría respaldaron mis ideas. De especial importancia fue que lo hiciese un amigo desde la adolescencia, David Bonilla, el más brillante de nosotros, porque me dio el convencimiento necesario para apostar por la tesis.

Un viernes, mientras estábamos él, otro amigo (que luego sería el artista de la portada, Miraggio) y yo hablando sobre Bitcoin, caí en la cuenta de que tenía todas las partes en mi cabeza para explicar Bitcoin a cualquier persona y que lo entendiera, y que ese conocimiento era algo que no había en ningún libro. Los libros sobre Bitcoin eran muy técnicos, o excesivamente densos, o se centraban en temas meramente económicos. Y decidí escribir el libro. El fin de semana estuve recopilando información relevante de lo que había leído durante dos años, y el lunes 16 de mayo de 2021 lo comencé. Lo tenía tan claro que tardé cinco días en escribirlo. Cada día enviaba varios capítulos a dos amigos que los iban revisando y aportando sus comentarios. El 23 de mayo de 2021 estaba revisado y terminado.

Tras ello nos pusimos a pensar en la portada. Sabíamos del alcance histórico de Bitcoin y de la importancia que podía llegar a alcanzar el libro por lo novedoso de sus ideas, por conectar varias áreas de conocimiento y proponer una nueva cosmovisión. Bitcoin se caracteriza por ser lo primero que escapa al control de los Estados, y por eso supone un desafío para todos ellos similar a lo que supuso la pólvora para las ciudades amuralladas de la Edad Media. Empezamos una lluvia de ideas y terminamos creando *La liberación de Satoshi*. En la obra vemos la relación entre Bitcoin y el Leviatán de Hobbes, cómo al Estado se le escapa la soberanía mientras Bitcoin le arrebata el báculo que representa la autoridad. Cómo el Estado se apoya en el dinero fiat mientras Bitcoin lo hace en el ciberespacio, y muchos detalles más.

Una vez terminada la obra en conjunto, la portada y el texto del libro, comenzamos a buscar editorial. Para nuestra sorpresa, ni siquiera nos respondían. Era normal, yo tenía veintiséis años, nunca había publicado nada y tenía apenas ciento veinte seguidores en Twitter. Pero el convencimiento nos hizo perseverar. Envié el borrador a multitud de personalidades del mundo bitcoiner, y nos dieron su apoyo y respaldo, diciendo que sería traducido a multitud de idiomas y que marcaría un antes y un después en castellano. Sin embargo, no obteníamos respuesta de ninguna editorial.

El borrador llegó a Lunaticoin, el principal *podcaster* sobre Bitcoin en español, que gracias a Dios decidió leerlo y le encantó. Tras ello, y una larga comida en Barcelona, me propuso grabar un pódcast sobre el libro para intentar llamar la atención de alguna editorial. En apenas una semana, el pódcast se convirtió en el segundo más escuchado del canal, y comenzaba así:

> P. En ese caso, doctor Seldon... Preste atención, señor, porque queremos una respuesta clara. ¿Para qué servirán sus Ciudadelas?

La voz del abogado se hizo estridente. Había tendido la trampa; logró arrinconar a Seldon; apartarle de cualquier posibilidad de respuesta.

Pero Hari Seldon no se alteró.

R. Para reducir al mínimo los efectos de esa destrucción.

P. ¿A qué se refiere exactamente con esto?

R. La explicación es muy sencilla. La próxima destrucción del dinero fiat no es un suceso aislado del esquema del desarrollo humano. Será el punto culminante de un intrincado drama que empezó hace siglos y acelera continuamente su velocidad. Me refiero, caballeros, a la continua decadencia del Estado.

P. ¿Se da cuenta, doctor Seldon, de que está hablando del Estado que existe desde hace siglos, a pesar de todas las vicisitudes de las generaciones, y que está respaldado por los buenos deseos y el amor de ocho mil millones de seres humanos?

R. Estoy tan al corriente de la situación actual como de la pasada historia del Estado. Aunque no pretendo ser descortés, creo que la conozco mejor que cualquier otra persona de esta habitación.

P. ¿Y predice su ruina?

R. Es una predicción hecha por las matemáticas. No hago ningún juicio moral. Personalmente, lamento la perspectiva. Aunque se admitiera que el Estado no es conveniente (cosa que yo no hago), el estado de anarquía que suceda a su caída sería aún peor. Es ese estado de anarquía lo que mi proyecto pretende combatir. Sin embargo, la caída del Estado, caballeros, es algo monumental y no puede combatirse fácilmente. Está dictada por una burocracia en aumento, una recesión de la iniciativa, una congelación de castas, un estancamiento de la curiosidad... y muchos factores más. Como ya he dicho, hace siglos que se prepara y es algo demasiado grandioso para detenerlo.

P. ¿No es algo evidente para todo el mundo que el Estado es tan fuerte como siempre?

R. La apariencia de fuerza no es más que una ilusión. Parece tener que durar siempre. No obstante, señor abogado, el tronco de árbol podrido, hasta el mismo momento en que la tormenta lo parte en dos, tiene toda la apariencia de sólido que ha tenido siempre. Ahora la tormenta se cierne sobre las ramas del Estado. Escuche con los oídos de Bitcoin, y oirá el crujido.[26]

Tras el éxito del pódcast por fin nos contactó una editorial para hacer una publicación mediante *crowdfunding*. Se requerían 3.500 euros para publicar el libro. Los recaudamos en una hora. La campaña alcanzó más de 18.000 euros, 460 mecenas, tres empresas apoyando su publicación, casi mil libros vendidos en preventa. Una auténtica locura.

Tras la publicación, el libro cumplió con las expectativas y empezó a generar un nuevo relato sobre Bitcoin que llamó la atención de la prensa y de medios de comunicación de todo el mundo de habla hispana, y que consolidó la comunidad bitcoiner en español. Tras decenas de entrevistas se convirtió en el libro más vendido en Amazon en va-

26. Lunaticoin, *La caída del Estado, parafraseando la Fundación de Isaac Asimov*, 2021, <https://youtu.be/25RbDa_ikmU>. Consulta: 5 de agosto de 2023.

rias categorías: «filosofía», «política», «economía», «internet», «empresa», etcétera. Los grandes pódcast y canales de YouTube empezaron a llegar. El relato del libro empezó a calar en otras áreas, y el ruido que había sobre Bitcoin se empezó a disipar. La relevancia política e histórica de Bitcoin se empezó a tomar en serio. Se separó a Bitcoin del resto de las criptomonedas, comprendiendo que tienen naturalezas distintas. Se entendió que lo relevante no era la tecnología blockchain, y que Bitcoin no venía a sustituir al dinero fiat, aunque pueda acabar con él. Ya no se hablaba de *trading* y precios, sino de la redefinición del derecho de propiedad.

Sin duda, todo esto no es sólo gracias a *La filosofía de Bitcoin*, pero el libro ha sido capaz de encauzar todo ello en un relato que permite ver Bitcoin y el mundo con otros ojos.

Tras el éxito en castellano, me invitaron a abrir LABITCONF en Argentina, la conferencia más antigua del mundo sobre Bitcoin. La reacción de la gente fue tal que los organizadores de la conferencia hablaron con el mayor medio de Bitcoin del mundo, *Bitcoin Magazine*, para que publicasen el libro traducido al inglés. Y aceptaron. Lo estuve presentando en la *Bitcoin Conference* de Miami en mayo de 2023, y estuve firmando ejemplares durante más de una hora y media.

De no encontrar editorial a estar presentando mi libro en Miami y Argentina ante miles de personas. ¡Cuánto ha cambiado todo en un año! Aunque tengo la sensación de que no ha hecho más que empezar.

La filosofía de Bitcoin tenía como propósito destruir dos creencias vinculadas al Estado y al dinero. Entre sus lectores ya ha cumplido su misión, pronto se extenderá por todo el mundo y preparará el camino para el orden político de la libertad.

Álvaro D. María,
Madrid, 21 de agosto de 2023

Agradecimientos

A Miraggio, por la obra de arte que sirve de portada del libro, y a David, Manuel, Sergio Vicente y Rafa por la revisión del libro y por su amistad; así como a los que confiaron desde el principio, en especial a Coni, Ignacio, José Antonio y Julia. También tengo que agradecer a Manuel, Emérito, Adolfo y Miguel su labor en la difusión del conocimiento que tienen acerca de Bitcoin y sin el cual este libro no habría sido posible, así como a Nick Szabo por sus aportaciones. Mención especial merece Lunaticoin, gracias a que apostó por mí todo esto ha sido posible y le estaré eternamente agradecido.

«La Inmaculada nunca falla.»

Este libro vio la luz gracias al apoyo de 460 mecenas a los que estaré siempre agradecido:

21Monkeys
21pills

A
Aarón Fortuño
Abel Cano Mancilla
Adam Dub
Adolfo Contreras
Adolfo DotNet
Adri González Clemente
Adrián Álvarez Gil
Adrián Barreda Tena
Adrián Ibarra Pérez
Adrián V. G.
Adrián Videira
Aitor Miranda
Aketza Aguilera Álvarez
Alan J. Turing
Albert García Gibert
Alberto Lozano Alcañiz
Alberto Rivas
Alejandro Beltrán
Alejandro Hernández Gil
Alejandro Huerta Gómez
Alejandro Tomboix
Alejandro Tulio
Álex Gómez Escamilla
Álex P.
Álex Viñas Salles
Alexander Mateus Vargas
Alexander y Peio Etxebeste
Alfonso Fernández
Alfonso Ortega Peña
Alfonso Ruiz Montoya
Alfre Mancera
Alfredo Romeo
Alfredo Sánchez Sánchez
Alita Cómics
Alonso Martínez
Álvaro Evangelio
Álvaro Roco Salas
Álvaro Sánchez Alonso
Álvaro Sánchez Sánchez
Amaro Ortega
Ana F.
Ana Sarabia
Ander F.
AndreasDevJS
Ángel Alejandre Fresno
Ángel Jiménez
Ángel Moreno
Ángel Sagredo Sánchez
Ángel Zamorano Lozano
Ángel Zofío Leiva

Angelmari
Antón Grela Moreda
Antonio Carrasco Jareño
Antonio Daniel Contreras | economicus.eth
Antonio Felipe Álvarez
Antonio Isiegas
Antonio Moreno Martín
Antonio Ramiro Pastor
Antonio Vargas
Ares Mérida Quintero
Arkad
Arnau Farran i García
Arturo Gómez Juez
AXWELZ

B

B. Alameda
Becerra
Berlín
Biktormenta
Blausdesel
BLP
BlueMoon
Bonarce
BTC_Zhekiang
BTCtotheMoon

C

C. Aldaz
Cano
Capitanman
Carles Costa Balañà
Carles Ponce Molina
Carlos Alegre
Carlos CSCrypto
Carlos de Lanuza
Carlos del Castillo Bellot
Carlos Espinosa Peral
Carlos González Suero
Carlos Gutiérrez
Carlos Martínez
Carlos Sanz
Carlos Varela
Carlos Velasco Tapias
Carlos Villar
Catedralgotix
Cefe Moreno
César Catalán Esparza
Chukulum
Cipri García
Contraestado
Cripto Panas
Cris Carrascosa
Cruz Guijarro
Crycripto
CryptoTxemita
Cubodetela
Curro García

D
Dámaris Muñoz
Dani Cerdán
Dani Colldeforns
Dani Sarri
Daniel Cabañó Muñoz
Daniel Cadenas
Daniel Herranz Cabrera
Daniel Liria Campón
Daniel López Lago
Daniel Marín
Daniel Paniagua Sangiao
Daniel Vizcarro Fernández
Danny Lamberg
Darío Espinosa Navarro
David Bonilla
David Fernández Saurí
David Fuentes Ninja
David León Rubio
David Merino
David Oliva
David P. N.
David Pérez Palop
David Sanz
Davidzurdo
Dídac Martínez
Diego di Gionantonio
Diego José González Taboada
Diego Tuñas

E
Ecallejon
Eduardo Alonso Barragán
Eduardo Juan Bazús Poza
Ekaitz Mantecón
Ekaitz Quintanilla
Elminisanto
Em3r
Emilio Burillo
Emilio Jesús Sánchez Pintado
Empoderat
Enmanuel Oliva
Enric Deulofeu
Enrique Martínez
Enrique Moratilla Temprado
Enrique Moreno
Ephirrow
Éric Pujadas Oriach
Ericonomic
Estévez Sr. Jr.
Euclides
Ewozito

F
F242
Fabio Alonso
Félix Esteban
Fernando Andreu
Fernando Calvache

Fernando de Madrid
Fernando Guardia OKelly
Fernando Moreno
Fernando Rico
Fran Barroso
Fran Figueroa Ros
Fran García Bernal
Francis Rol
Francisco Álvarez
Francisco Casado
Francisco F. H.
Francisco Jesús Jurado López
Francisco José Valdés Novoa
Francisco Juárez Tárraga
Francisco Martín

G
Gabriel Asuar
Gabriel Molina
Gael Sánchez
Gamera
Gastón Adrián Guini
Genís Ceballos
Gerard Cercos
Germán García Aguilar
GFB
Gimli Ancap
Gonzalo Molina Díaz
Güelkom
Guillem Romero Nevado
Gustavo A. Calderón
Gustavo Rello Gutiérrez

H
Hagbard Celine
Héctor S. V.
Hectortilla
hold
Honey Badger

I
Iago Quintas
Ian Lara Sallés
Ibon Larreategi
Íñigo Rubio
Ion Ander Armendariz
Ion Jáuregui
Ismael Álvarez Díaz

J
J. A. Anta
J. C. Peñalta Sánchez
Jaime Cañas
Jaime Rodríguez Orozco
Jaun de Alzate
Javi G. Artieda
Javi Pocopelo
Javi R.
Javier Carceller
Javier Cela Galván

Javier Celorrio González
Javier Díaz Díaz
Javier García Medina
Javier Gutiérrez González
Javier Lorenzo Fernández García
Javier Marcen Miravete
Javier Martín
Javier Martín Robles
Javier Medina
Javier Pérez de Pedro
Javier Prieto
Javier R. D.
Javier Vargas
JavierGVal
Jesús Arnáiz
Jesús Cazalla Gómez
Jesús Cruz
Jesús Ruiz Penagos
JJMaroto
Joaco G. Mir
Joan Escandell Barrios
Joana Sánchez Santana
Joaquim S. Larralde
Joaquín Contreras Gil
Jordi Claret
Jordi J.
Jorge Inchausti
Jorge López
Jorge Valles
Josar
José Antonio Bravo Mateu
José Antonio Peinado
José Antonio Sola Martínez
José David García Sotillo
José del Pino
José Javier
José Luis Montes
José M. Navarro
José Manuel Arenillas
José Manuel Vázquez
José Martínez Avendaño
José R. Marina López de Dicastillo
Josep Naudó Viladomat
JPIC
Juan Carlos Cira García
Juan Carlos Lara
Juan Carlos Liceras
Juan Fornell
Juan Jesús Romero López
Juan Luis Escalada
Juan Manuel Regadera
Juan Ortega
Juan Pérez Acevedo
Juan Triviño Paredes
JuanTx0
Julia Esteban-Hanza
Julián Amorrich
Julián Marín

Julio Antonio Diez Prieto
Julio Falces

K
Kepa Martín
Kitera
KLS

L
Ladislao García
Lander
Laura Sánchez Carl
Lázaro Guerrero Losada
Leandro A. Latorre España
Leire Roldán
Leo Borj
Leonardo Lignac
Les Perites
Lesly Araque
Llorens M.
Lluís García Llarch
Lluís García-Cascón Sala
Luciano Falcón Cazzola
Luis Aparicio
Luis Arredondo Rodríguez
Luis León
Luis M. Hidalgo
Luis Romero
Luis Serrano Rancaño
Luisangel Mendaña
Luisma López Doménech

M
Macoy
Manel Pérez López
Manuel Ángel Real
Manuel Cardeña
Manuel Eduardo Mora Guillén
Manuel Galdón Quiroga
Manuel Galobart
Manuel Navío Vegara
Manuel Panes Cano
Manuel Ramos Moreno
Manuela Almará González
Maqueda
Mar Cònsul Espona
Marc C. Mula
Marc Martínez Doménech
Marc Sánchez Mora
Marcial Lobato González
Marcos Díaz Janeiro
María Alves da Silva
María Clotilde
Marina Gregorio Salas
Mario Barreiro
Mario Chamorro
Mark González
Marta Morote
Marta SdA

Martín Coronado Atenas
Mary Luz Bedoya Álvarez
Masvi
MataUrban
Mbros 1980
Mieleria.net
Miguel Ángel Moncayo
Miguel de Felipe
Miguel López Donoso
Miguel O.
Miguel Plou Maza
Miguel Romero
Miguel Valero
Miguel Zumel
Miquel Collado
Moisés D. T.
Moisés Santos
Mowly

N

Nacho Vilalta
Naoj Esnom
Natalia Buzeta
Nene Cabamanza
Nil Domènech Moré
NimzoBit
nkus

O

Omar Ossorio Felipe
Óscar Hurtarte
OSFrog

P

Pablo Carballeda
Pablo Chiesa Marchisio
Pablo Díaz-Jorge
Pablo Goicoechea
Pablo Nogales
Pablo Villantes
Pablo Yus
PabloBTC
Patxi Madina
Patxi Martínez
Pau B. V.
PBR
Pedro A. H.
Pedro Alonso Gil
Pedro Martínez Henández
Pello Arrese
Pere Casas
Philippe Abadia
Planagan
Primo Bayo
PuzzleDream
Pyc

R

Rafael Moreno
Rafael Palomino

Rafael Pérez Contreras
Rafael Rosado
Ranosoft
Raúl Torres Barreu
Ricardo Hernández Pérez
Richard Garmore
Rodolfo Gutiérrez Caro
Rodolfo Herrero Martín
Roger Gomis
Rottenwheel
Rubén Rouco
Rumaro

S
S. B. Diego
Said Rahal
Samuel Tamayo Gaviria
Santi Ruiz
Sebastián Alías
Sergi Aznar Alemany
Sergi Delgado Segura
Sergio Falla
Sergio G. T.
Sergio Gallego
Sergio García
Sergio Jiménez García
Sergio Soriano
Silvia Fernández-Pacheco Martínez
Stefano Lauri
SuitedAtAll
Susana Rodríguez Urgel

T
Teo & Ink
Teo Romera
Thiegui
Thomas Andrés Schatte Glaser
thx_remonster
Toledo
Tomás Prieto @abogadoknowmads
Toni Conde

U
UmánTraffic
Undefinedvar

V
Valentín Mínguez Inés
Vicent Sintes
Vicente Fito Martorell
Vicente Gil
Vicente S. C.
Vicente Valcarce
Víctor López
Virginia Garrido San Martín

W

Watch Out, Freedom!

X

Xabier Arruti

Xavier Coca Coto

Xavier Soler Roca

XtremKite

Y

Yelko Veiga

Yerai Donaire

Ysrael Angulo

@OOJULIETAOO

@Borjab0r

@EnBitcoiner

@Juancapismo

@Libemister

@SrYupo

@tbglimos

@yuiso

Sobre el autor

Álvaro D. María es graduado en Derecho y Filosofía por la Universidad Complutense de Madrid e investigador en la Facultad de Derecho de la misma institución. Ha realizado un máster en Auditoría y Contabilidad Superior por el Consejo General de Economistas, y posee una amplia formación en Filosofía del Derecho y Teoría del Estado.

Socio de BTC Consulting, en la actualidad ejerce como auditor de cuentas. Escribe habitualmente para el blog del Instituto Juan de Mariana y para la revista *Bitcoin Magazine*. Está trabajando en la escritura de su segundo libro, *Micrópolis*, de próxima aparición.

@Alvaro_DMaria

Impreso en Huertas Industrias Gráficas, S. A.
Polígono Industrial El Palomo, nave 21
28946 Fuenlabrada (Madrid)